# 理想の相続は遺言と信託の2つで実現できる

税理士・
社会保険労務士・
ファイナンシャルプランナー
**梅本正樹**

彩図社

# はじめに

この本を手に取られたあなたは、きっとご両親やご自身などの相続に対して、さまざまな不安や悩み、疑問などを抱えている方だと思います。

年代的には、仕事や子育てが一段落しつつある40歳代後半から、80歳代くらいまでの方ではないでしょうか。

あなたに限らず、多くの方々が相続問題を抱えています。

とくに我が国日本は世界の中でも、相続問題を抱える人々の割合がもっとも多い国だと言われています。

その理由は国民の高齢化率の高さにあります。

# はじめに

日本の高齢化率は世界一高く、そのことはつまり相続が起こる時期に近い国民の割合がもっとも高いことを意味します。

それにとどまらず、高齢化率は今後も一貫して上昇し続け、２０４０年にはほぼ40％に達するという驚愕の予測も立てられています。

そこまでいくと、日本社会が相続間際の人たちであふれかえってしまうことになりかねません。そうなれば相続対策の重要性が、今にもまして高まっていくことになるでしょう。

筆者は職業柄、これまで多くの方々の相続に立ち会ってきました。

その中で、たいへん残念に思うことがたびたびあります。

それは、ほとんどの方が何の対策も立てないまま相続を迎えたために、理想の相続とはかけ離れてしまい、**不満や後悔やあきらめなどが入り混じった残念な結果となってしまっている**ことです。

例を挙げれば、

・相続税の納付のために老後資金が大幅に目減りしてしまった
・予期せぬ遺留分を支払う義務が生じてしまった
・親をないがしろにする子供に多くの遺産が渡ってしまった
・遺産全額を国に取られてしまった
・一代限りの相続指示しかできなかった
・最愛のペットに遺産を遺《のこ》すことができなかった……

などなど、きりがありません。

ところが、一見なすすべがないように思われるこれらのケースも、**相続が発生する前に対策をとることで解決してしまう**のです。

いわば相続を自由自在にプランニングする〝起死回生〟あるいは〝一発逆転〟のアイテムが存在するということなのです。しかも2種類も存在するのです。

はじめに

その2種類のアイテムとは**「遺言」**と**「信託」**です。

「遺言」とは、自分の死後のために遺す言葉や文章のこと。

「信託」とは、自分の財産を管理・運用してもらうことです。


これらは一見似ているように見えますが、それぞれ異なる働きをしてくれます。

遺言の方は、相続発生時点に限ってその効力を発揮する、いわゆる**「静的」役割**を果たします。

これに対し信託の方は、相続発生の前後の一定期間において継続してその効力を発揮する、いわゆる**「動的」役割**を果たします。


遺言と信託は、近年相次いで関連法規が改正されたため、以前とは比べものにならないほど使い勝手が良くなっています。

相続に関する要望の内容次第で、これら2種類のアイテムを使い分けたり、場合によっては双方を組み合わせて駆使したりすることも可能です。

それにより、硬直的だった従来の相続では不可能と考えられていた、**自由自在な相続**を実現することができ、希望通りの人に、希望通りの財産を渡し、さらには相続税をも劇的に軽減する余地が生み出されたのです。

まさに**革新的な相続が可能になった新しい時代**の到来です。


本書には、筆者が日々相続に関しての相談を受ける中で見てきたものから、よくみられる典型的な事例をできるだけ多く掲載しました。

事例の中には、簡単な例から複雑な例までいろいろありますが、順に読み進めていただければ、おおまかな流れと対策がわかるようになっています。

もちろん事例はそれぞれ独立していますので、興味を持たれたページから読み始められても、まったく問題はありません。


本書をお読みいただくことにより、あなたの相続に関する不安や悩み、疑問が払しょくされれば幸いです。

そして一生のうち数少ない機会である相続を、マイナスの機会ではなく、プラスの機会に転化できることを願ってやみません。

2021年8月

税理士・社労士・ファイナンシャルプランナー　梅本正樹

もくじ

## 2章　遺言でできること

## 3章　信託でできること

## 4章 遺言と信託の併用によってできること

# 1章

# 遺言とは？ 信託とは？

# 自由自在な相続を実現する２種類のアイテム

「はじめに」でも書きましたが、自分が理想とする相続を実現させるには、少し工夫が必要です。

そのためのアイテムとして使えるのが**「遺言」**と**「信託」**の２つです。

とはいえ、どちらも日常生活でひんぱんに目にするものではありません。

そこで1章では、それぞれの基本的な部分を紹介していきます。遺言単独でできること、信託により可能になること。それぞれのメリットや２つの関係性などをまとめています。

まずはじめに、これから私たちが操ることになる、２つのアイテムの概要を確認しましょう。

# 遺言でできること

## 遺言を書くことでトラブルを避けられる

誰しも一度は遺言という言葉を聞いたことがあるはずです。

また、おおよその意味も理解されていることでしょう。

遺言とは**「自分の死後のために遺《のこ》す言葉や文章」**のことをいいます。

普段は遺言のことを他人事として聞いていたとしても、いざ自分に関わりのある親族が遺言を書いたと聞けば、いったいどんな内容なのか、自分が得をする内容なのか損をする内容なのかと必要以上に緊張し、脂汗《あぶらあせ》までもがにじんでくるかもしれません。

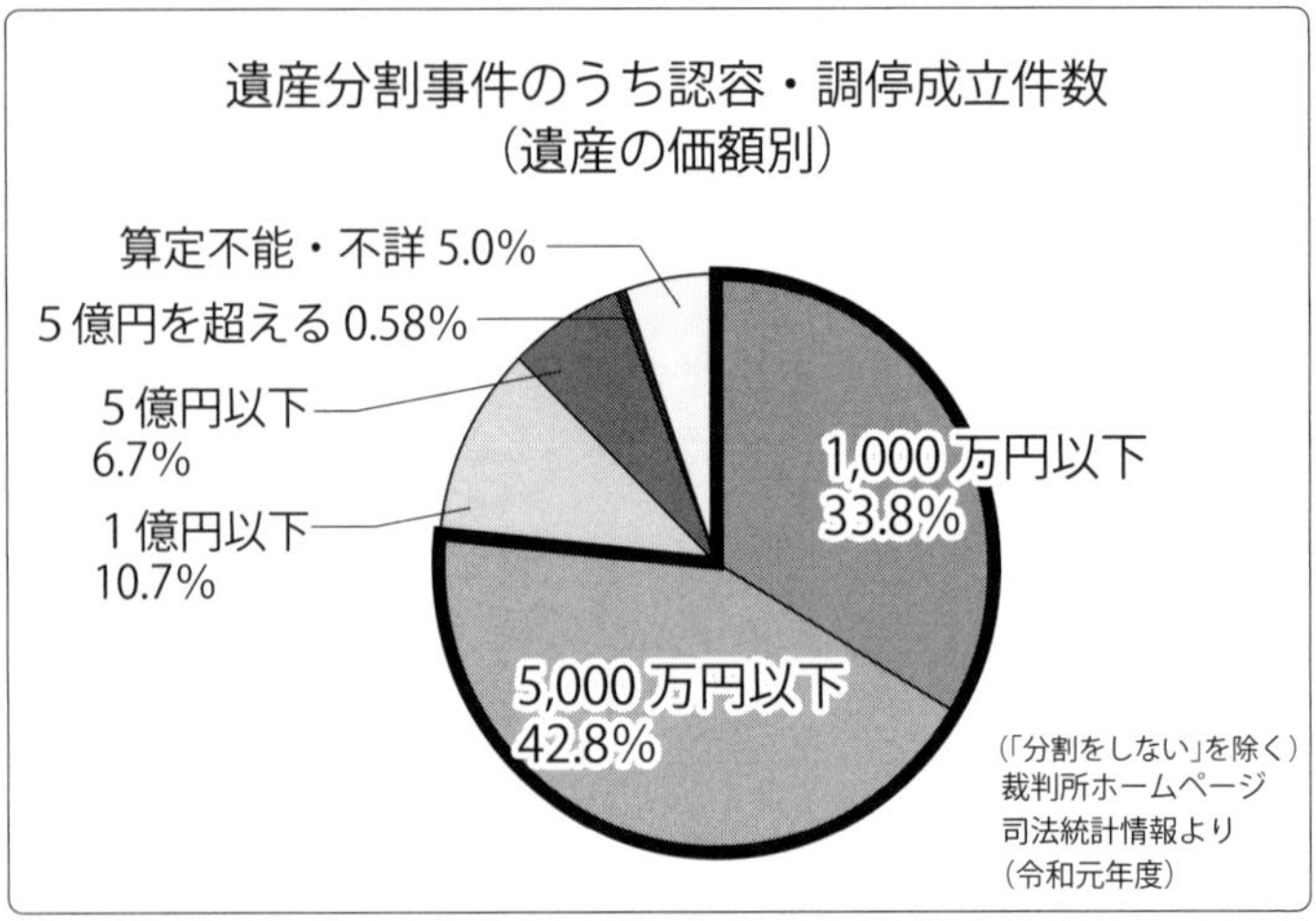

（「分割をしない」を除く）
裁判所ホームページ
司法統計情報より
（令和元年度）

一方、相続にはまるで無頓着な方も多く、「うちには相続税がかかるほどの財産もないので、遺言の必要なんてないでしょう」と言われる方もいます。

ただ、相続税がかからないからといって、遺言が不要というわけではありません。相続税と遺言とは本来別ものです。

たとえば遺産が２０００万円の場合は、相続税の基礎控除額以下なので相続税はかかりません。しかし遺言がなければ、その２０００万円の遺産をめぐって**「争族《そうぞく》」**に発展する可能性も十分あるのです。

相続がらみの訴訟件数を見てみると、遺産総額が大きいケースよりも小さいケースの方が圧倒的に多く、遺産額が5000万円以下の訴訟割合が75％を超えているデータもあります。このことからも、**多くの相続において遺言が重要**であることが分かります。

遺言さえあれば、遺産を受け取る側（**相続人**）が、遺産を渡す側（**被相続人**）の、遺産分割に関わる生前の意思を知ることができます。

つまり、**相続人間《そうぞくにんかん》の遺産取得をめぐる無用な争いを避けることができる**のです。

## 遺言書のタイプは3種類

本来「遺言」とは、その言葉の中に「言」という文字が入っているように、被相続人が自分の死後のために遺す「言葉」を意味しています。

しかし口頭の言葉だけでは、相続人同士の遺産分割の段階で、言った言わないの水かけ論となってしまうことは想像に難くありません。そのため面倒ではありますが、その言葉を**証拠として遺す**ために「遺言書」を作成することが必要になってきます。

遺言書には大きく分けて次の3種類のものがありますが、実務的には、このうち①と②の2種類が一般的に多く利用されています。

①自筆証書遺言
②公正証書遺言
③秘密証書遺言

それぞれの概要を確認してみましょう。

## ①自筆証書遺言

この方法は、文字通り自分の筆で遺言を証書にするものです。

メリットは、自分一人で費用もかけずに作成でき、簡単なものであれば、たった3分程度で完成してしまうことです。

デメリットとしては、作成日や署名など必要な要件を書き忘れたりして、遺言書自体が無効と判断されるおそれがあることです。

そのほか作成した遺言書の紛失・亡失が心配な方や、他人に見られたり破棄や改ざん・隠匿されたりすることが心配な方もいらっしゃるでしょう。そのような方は、３９００円程度の少額の手数料を負担することで、お住まいの地域の法務局で遺言書を保管してもらうことも可能です。

## ②公正証書遺言

この方法は、公証役場へ出向き、遺言書を**公正証書**の形式で残すものです。

メリットは、公証人という専門家が遺言書を作ってくれるので、書類が無効になることはなく安心を得られることです。

デメリットとしては、費用がかかることや、複数名の立会人を準備する必要があることです。費用は遺産額に応じて増減します。４０００万円程度の遺産額であれば、公証役場に対する手数料はおおよそ3万円程度です。

### ③秘密証書遺言

この方法は、①自筆証書遺言と②公正証書遺言をミックスしたような方式です。

遺言の内容を誰に対しても秘密にできるというメリットはあるのですが、公証役場に対して手数料がかかることや、自分で保管するため紛失するおそれがあることなどから敬遠され、利用する方はかなり少ないのが実情です。

これら3種類の遺言のうちいずれを選ぶかは、それぞれのメリット・デメリットを考慮した上で、あなた自身が自由に選択できます。

ちなみに3種類の遺言書の利用割合は、①自筆証書遺言が69・5％、②公正証書遺言が17・5％、③秘密証書遺言が1・5％となっています（「日本財団 遺言書に関する調査」２０１６年）。

## 遺言書のメリット

自筆証書遺言、公正証書遺言、秘密証書遺言のいずれを選択したとしても、程度の差こそあれ、やはり手間はかかります。その手間をかけてでもわざわざ遺言書を作成するのは、手間を上回る大きなメリットがあるからです。

遺言書を作成するメリットとしては次のようなものが挙げられます。

①被相続人の意思通りに遺産を分けられる
②相続人が遺産分割について悩まなくてよい
③遺産分割協議が争族に発展することを防げる
④法定相続人以外にも遺産を分け与えることができる
⑤相続人に未成年者がいる場合も手続きが簡便になる
⑥相続人がいない場合に遺産を国が接収することを防げる

## ①被相続人の意思通りに遺産を分けられる

これが、遺言書の一番大きな作成理由と言えます。

遺産は法律上、法定相続人が**法定相続分**（63ページ参照）の割合で取得することになります。ところが被相続人の気持ちとしては、さまざまな理由から遺産を多く与えたい相続人や、反対に与える遺産を少なくしたい、あるいは与えたくない相続人がいるケースが往々にしてあるものです。

そのようなケースでは、遺言書を作成することにより、法律に縛られず被相続人の意思通り、自由に相続人と遺産額を決めることができます。

遺産分割の状況によっては「遺留分」というハードルが発生しますが、これについては後述します（82ページ）。

## ②相続人が遺産分割について悩まなくてよい

遺言書がない場合、相続が発生すると、間をおかずに相続人の間で遺産分割協議を行う必要があります。協議は相続人全員の合意がなければ成立しません。

さらには分割協議の場ではじめて顔を合わせる相続人がいたりすると、互いの心中を読みにくいので、ただでさえまとまりにくい協議がなおさら難航します。

遺言書がありさえすれば、相続人たちが悩む必要はなくなります。

## ③遺産分割協議が争族に発展することを防げる

これは、テレビドラマでよく目にするシーンを想像していただければ分かりやすいでしょう。資産家が亡くなった後の初七日や四十九日の席で、喪服を着たままの相続人同士が遺産をめぐって取っ組み合いのケンカになるシーンです。

これほど極端でなくとも、争続に発展した結果、それ以後の親戚づきあいが途絶えてしまうことなど珍しくもありません。

## ④法定相続人以外にも遺産を分け与えることができる

法定相続人以外に遺産を分け与えることは不可能と思っている人が多いのですが、遺言書を利用すれば可能になります。

たとえば、同居している長男の嫁は法定相続人ではないのですが、日頃から自分の世話をよくしてくれているので、1000万円ほどの定期預金をあげたいというケース。

あるいは、内縁の妻に遺産の半分をあげたいというケースなど、遺言書があればこれらの行為も可能になるのです。

## ⑤相続人に未成年者がいる場合も手続きが簡便になる

未成年者は、遺産分割協議に直接関わることができない仕組みになっています。

しかし、相続人は成人（成年者）ばかりとは限りません。被相続人が比較的若くして亡くなったケースや、孫が法定相続人になるようなケースでは、未成年者が法定相続人となることがあります。

その場合、未成年者に代わって**特別代理人**が協議に加わることになります。特別代理人は、家庭裁判所に請求を行う手続きを経て選任されます。そうなると手続きに時間も要し、さまざまな関連費用も発生することになってしまいます。

遺言書があれば、特別代理人が不要になり、相続人に未成年者がいても手続きが簡便になります。

## ⑥相続人がいない場合に遺産を国が接収することを防げる

はじめて聞いて驚く人も多いと思うのですが、相続人がいない場合は、国に遺産が渡ってしまう仕組みになっています。

国が接収することを、正式には**「国庫帰属」**といいます。

被相続人の立場からは、自分の死後のことではあるとしても、一生かかって築き上げた財産を、一円残らず国に召し上げられるやりきれなさを感じます。また親族からすれば、国に持っていかれるくらいなら、少しでいいので自分がもらいたいという気持ちも起こるはずです。

遺言書の書き方次第では、遺産が国に流れるのを阻止することが可能になるのです。

# 信託でできること

## 信託とは？

信託は「信じて託す、ということである」と短い言葉でよく表現されます。

ただこれだけでは抽象的すぎてよく分かりませんね。

「信託」というと意外と範囲は広く、証券会社が販売する「投資信託」や、街中で見かける「○○信託銀行」なども含まれます。

ただ、本書をお読みのあなたは、信託の専門家になるわけではないでしょうから、そこまで厳密な理解は必要ないはずです。

そこで本書では、広範な信託の中の一部分、すなわち「**理想とする相続を実現するために、**

**主に被相続人や相続人の間で行われる行為」**に限定します。そして、相続に関してあなたが活用可能な信託を、冠を付さずに「信託」と単純明快に表すこととします。

## 信託のタイプは4種類

相続において利用できる信託には、信託の効力発生時期の違いや、信託設定方法の違いなどにより、次の4種類のものがあります。

①信託契約……相続発生前に効力を発生させるタイプ
②遺言代用信託……効力発生時を委託者死亡時とするタイプ
③遺言信託……遺言により信託の効力発生時を委託者死亡時とするタイプ
④自己信託……自分が自分自身に信託を委託するという変則的なタイプ

## ①信託契約

「信託契約」は、信託の中心人物となる委託者の、生前かつ判断能力のあるうちに、信託の効力を発生させるタイプのものです。

まだ時間的にも体力的にも余裕のある状況下で主要な信託事務を完了させられるため、信託実行の確実性が上がります。

## ②遺言代用信託

「遺言代用信託」は字のごとく、遺言の代用の性格を持つ信託です。あらかじめ信託を設定しておき、信託の効力発生時を委託者死亡時とするタイプのものです。

スキームが単純なので理解しやすい反面、委託者死亡時のあわただしい時期に信託事務を実行できるか否か、多少の不確実性を含むことになります。

## ③遺言信託

「遺言信託」は、遺言によって委託者死亡時に、信託の効力を発生させるタイプのものです。その名のとおり、遺言と信託の両方の要素を保持しています。

このタイプも「②遺言代用信託」と同じく、信託の効力発生時を委託者死亡時とするので、信託事務を確実に実行できるか否かが成功の可否を握ることとなります。

## ④自己信託

「自己信託」は、信託を委託する委託者と、それを受ける受託者が同一人物であるタイプの信託です。さらには、受益する者である受益者までも同一人物であるタイプの信託もこれに含まれます。

このタイプは「自作自演型」とも呼ばれ、かつては禁止されていました。なぜなら自分が自分に信託を委託したり、さらには自分自身が受益したりするなど、普通に考えればおかしな話であり、場合によっては詐欺的に犯罪に利用されるおそれもあったからです。

そのため自己信託を使う際の条件として公正証書を作成することや、受託者と受益者が同一である状態が一年以上続いた場合は、信託が強制終了されるなどの制限も付されています。

これら４つのタイプはそれぞれ一長一短がありますから、信託を検討する時点での個々の状況を判断した上で、採用するタイプを選択していただければ良いでしょう。

なお、広い意味では「①信託契約」の中に「②遺言代用信託」も含まれるのですが、その性格の違いから本書では分類して表示することとします。

また本書ではその性格を基準にして信託を4種類に分類しましたが、実務家や金融機関によってはどの角度から信託を分類するかで、種類数が増減することもあるかと思われます。

## 信託の登場人物は3種類

信託全般を通してみると難解な制度も多くあるのですが、本書では相続において活用可能な部分についてのみ、極力単純化して解説するスタイルをとっています。

その上で、一部既出ではありますが、どうしても外せない3種類の登場人物だけは覚えていただきたいと思います。

理想の相続を実現するための信託において、どうしても外せない3種類の登場人物とは、次の三者です。

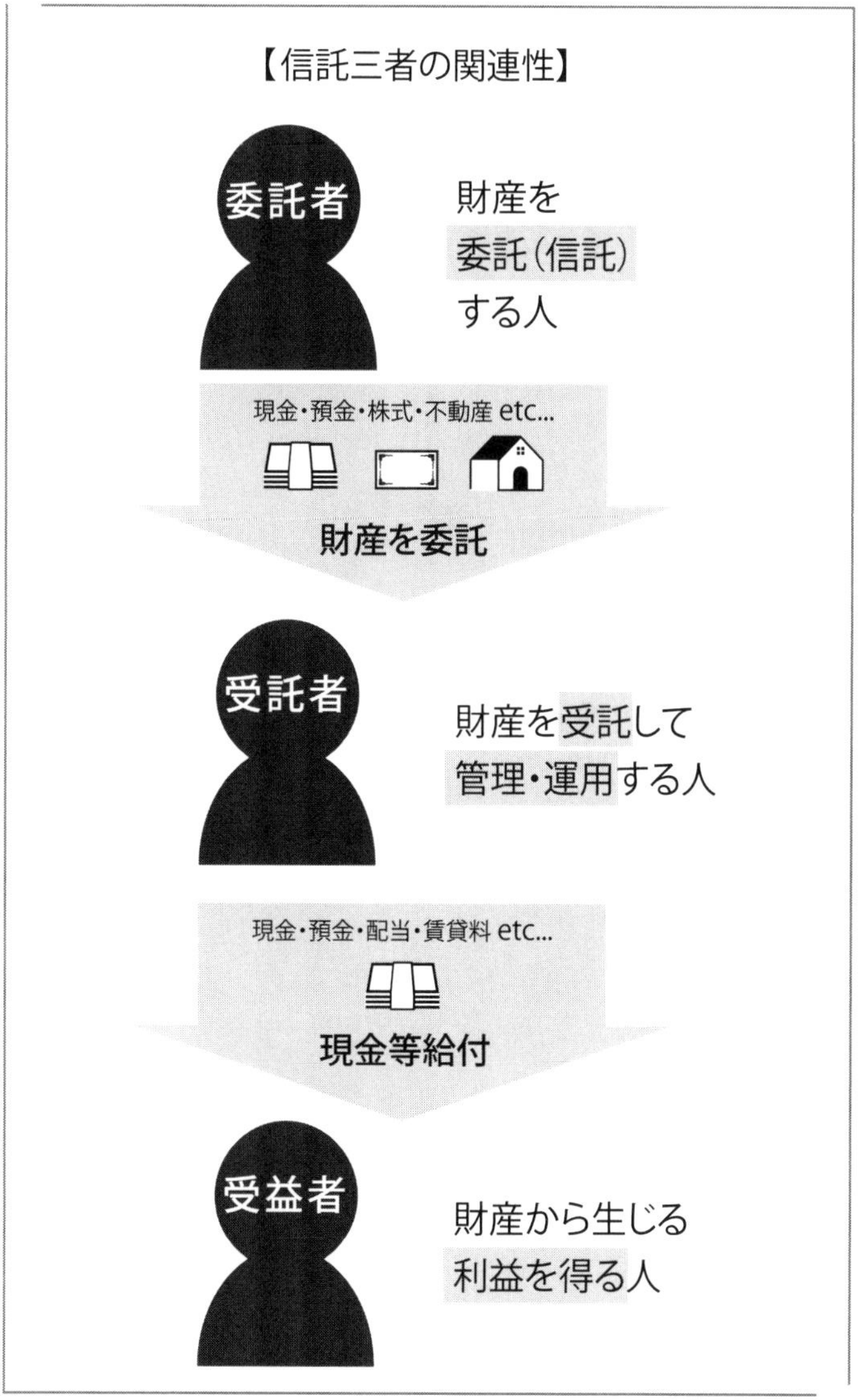
【信託三者の関連性】
委託者
財産を
委託（信託）
する人
現金・預金・株式・不動産 etc...
財産を委託
受託者
財産を受託して
管理・運用する人
現金・預金・配当・賃貸料 etc...
現金等給付
受益者
財産から生じる
利益を得る人

これら三者をいかに上手に選択し、組み合わせ、いかに上手に活用するかが、あなたの相続が理想のものとなるか否かの分かれ目となります。

## 信託のメリット

信託が相続の場面で広く利用されるようになってきたのは近年のことなので、まだ一般の方々の信託に関する理解はそれほど深くありません。信託の具体的な活用方法についてはおいおい述べるとして、ここでは信託を利用することのメリットを見ていきましょう。

信託を利用することのメリットには次のようなものがあります。

①財産の個別選択
②二次相続時の遺産分割指示
③破産リスクの回避
④受益の時期・期間の変更
⑤財産の管理・処分者の変更

①財産の個別選択

いったん相続が発生すると、被相続人の遺産全部が、相続人による遺産分割の対象になります。

これに対し信託の場合は、**遺産全部をその対象とする必要はありません**。例えば一部の預貯金だけとか、一部の不動産だけなどと、個別の財産を抜き出して柔軟に信託の対象とすることができるのです。

## ②二次相続時の遺産分割指示

本来、被相続人が遺言書で遺産分割を決定できるのは、自分自身が被相続人となる場合に限られます。

これに対し信託を利用すると、自分自身が被相続人となる場合に限定されずに、その次の相続（二次相続）や、場合によってはさらに次の相続（三次相続）の際の分割までも、自分の思い通りに決定することが可能になるのです。

これは、古い時代の相続の概念を打ち砕く破壊力のあるメリットともいえます。

## ③破産リスクの回避

信託された財産は委託者や受託者の固有財産とは切り離して管理されることとなります。そのため委託者や受託者がもし破産や倒産をしたとしても、信託財産が借金の形《かた》として取られてしまう心配はありません。

このように、破産や倒産から信託財産が守られる（隔離される）機能は「倒産隔離機能《とうさんかくりきのう》」と呼ばれます。

### ④受益の時期・期間の転換

相続が発生した場合、その相続発生時点で相続人が遺産を取得して終了となります。

これに対して信託を利用すると、受益者が給付を受ける時期を相続発生時点の前後に移動させたり、受ける給付を一定の継続的期間に変更したりできます。

つまりピンポイントの時点でしか受益できなかったものを、その前後または一定期間にワイドに変更できるメリットがあるのです。

### ⑤財産の管理・処分者の変更

例えば所有する賃貸アパートを信託財産とすることによって、管理・処分者を、委託者から受託者に変更できることをいいます。

相続発生の前に自分が高齢や認知症になったり、自分の死後障害者の子だけが残されたりして、財産の管理に不安があるような場合にも信託は有効に利用できます。

# 遺言と信託の相関性

ここまで遺言とはどういうものか、信託とはどういうものか、基本的なところを見てきました。

ただ双方とも、専門職の方以外が普段の生活の中で関わることはなく、人によっては一生に一度も関わることのない性質のものです。ですから、これら2つの聞き慣れない言葉を、すぐには理解できなくて当然です。

そこでこの章の最後に、遺言と信託がどのような相関性にあるのか、次の図で視覚的に、イメージとして捉えていただければ理解しやすいでしょう。

遺言と信託とは本来別ものではありますが、この図の両円の交わる部分のように、双方の性質を兼ね備えたものもあります。

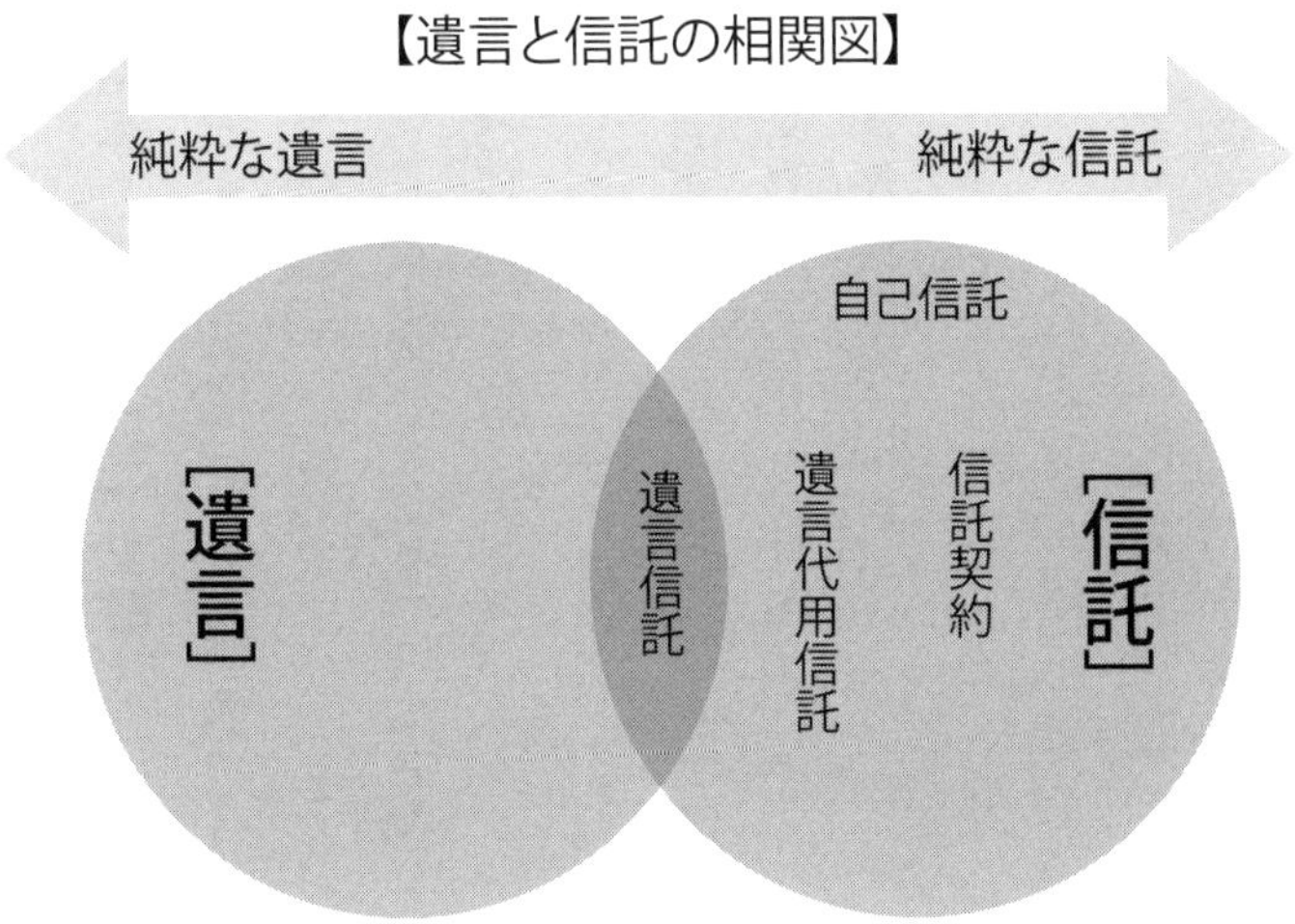


両円の交わる部分の「遺言信託」などは、遺言で信託を設定するタイプであり、遺言でもあり信託でもあるというものです。

交わる部分より少しだけ右の信託側には「遺言代用信託」があります。

これなどは遺言にたいへん似た性質を持ったものですが、遺言の代用として作成されるため、あくまでも「信託」という位置付けになります。

また、遺言と信託はどちらか一方しか使えないというものではなく、両者を併用することも可能です。

これらのことを、次ページで整理してまとめました。

・遺言・単独…【例】2章1～3節
・信託契約・単独…【例】3章1～5節
・遺言代用信託・単独
・遺言信託・単独…【例】3章6節
・自己信託・単独
・遺言と信託契約・併用…【例】4章1～2節
・遺言と遺言代用信託・併用
・遺言と自己信託・併用

あなたがイメージする理想の相続に少しでも近づけるために、これら8種類の形態の中から最適なものを選択し、作業を進めていただければよいでしょう。

この中で使い勝手の良いものを選ぶとすれば「遺言・単独」「信託契約・単独」「遺言と信

託契約・併用」あたりとなるでしょう。

次章からの事例でもこれらを中心に話を進めています。

## 具体的な事例でわかる相続のノウハウ

この1章では、遺言と信託の概要について述べました。

次の2章では、筆者が相続に関してよく相談を受けるケースの中から、遺言でできることの具体例を見ていきます。

3章では、信託でできることの具体例を、そして4章では、遺言と信託を併用することでできることの具体例を見ていきます。

なお、次章からは、遺言や信託に関する説明をするにあたってどうしても必要になるため、専門用語を一部使用しています。

ただ、各章の冒頭に用語説明が並んでいるとうんざりしてしまうかもしれません。ですので本書では、具体例を見ていくうちに用語も理解できるように、段階を追って解説を入れるスタイルをとっています。

あなたのケースに似た事例があれば、ご自身の相続を考える一助になることでしょう。

# 2章　遺言でできること

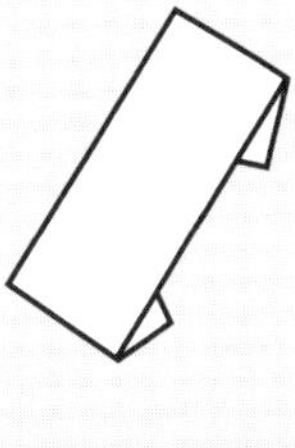

# 第1節 遺言書によってトラブルを防ぐ

## 実際に書いている人はとても少ないが…

前章では遺言書を作成するメリットなどについて述べましたが、実際のところ、いったいどれくらいの人が遺言書を作成しているのでしょうか。

日本財団という団体が40歳以上の男女を対象にした調査によると、全体の３人に１人、独身では２人に１人が「遺言書によって自分の意思を残したい」と考えています。

ただ、それにも関わらず、「すでに準備している」と回答した割合はわずか３・２％にすぎなかったとのことです（「遺言・遺贈に関する意識・実態把握調査 要約版」２０２１年）。

「たったそれだけ？」と感じる方が多いと思いますが、税理士として相続税の申告に携わる筆者の立場からも、これは妥当な割合だと実感しています。

なぜなら申告の依頼を受ける件数のうち、相続人から被相続人の作成した遺言書を受け取るケースはたいへんまれだからです。

遺言書の作成には多くのメリットがあることは理解されているのに、ほとんどの人が実行しない理由としては、「面倒くさい」「自分はまだまだ長生きすると思っている」「遺言書は資産家だけのものと思っている」「そもそも遺言書について知らない」などでしょう。

本書に興味を持たれたあなたであれば、一度は遺言書作成について検討しておいて損はないはずです。

まずは、もっともシンプルな形態の相続から見ていきましょう。

なお、事例中の名前はすべて仮名です。

■事例〈遺言―１〉

# 遺言がないことによって起こる「争族」を避けたい

上野浩二（55歳）は東京都港区にある商社に勤務するサラリーマンである。

住居は台東区にある12階建て賃貸マンションの一室の２ＤＫで、専業主婦の妻・直美（52歳）と大学生の長女・優香（22歳）、高校生の次女・美咲（18歳）と暮らしている。所有資産は預金が３０００万円のみで、住居は賃貸のため住宅ローンなどの借入金はない。

浩二はまだ55歳と遺言を書くには少し早い年齢なのだが、最近その必要性を切実に感じる出来事があった。それは昨年の浩二の父の他界である。

父の相続財産は約４０００万円とそれほど多額でもなく、当初は遺産分けもとくに問題なく行われると思われたが、実際はご多分に漏れず「争族」となってしまった。

相続人は母と兄と浩二の3人で、父はくも膜下出血で急逝したこともあり、遺言書は残していなかった。争族となった原因は、兄が母の面倒をみるという名目で、遺産全額の取得を要求してきたからである。浩二、まして浩二の妻・直美には納得できるはずもなかったが、最終的には遺産分割協議書に実印を押すいわゆる「ハンコ代」として、わずか100万円を相続として受け取ることで押し切られてしまった。それ以来、兄とは疎遠になってしまっている。

父が遺言書さえ残しておいてくれれば、無用な兄弟げんかなどせず、すべて丸く収まったはずだと考えると、浩二には悔やまれるところである。

このような経験から浩二は、将来の争族回避のために、遺言書の作成を検討している

## 相続関係図を用意する

相続に関わる検討をするときは、まず頭の中に**相続関係図**を思い浮かべ、常にその図を横にらみしながらの作業となります。

相続関係図とは、いま相続が発生すると仮定した場合に、遺産を相続させる側の「**被相続人**」と遺産を相続する側の「**法定相続人**」との関係を縦線と横線でつないだ図です。

法定相続人とは、**民法で定められた相続する資格のある人**のことをいいます。

人の寿命は誰にも分からないので、死亡順位の予測がはずれてしまい、相続関係図が当初と異なる形になる可能性もありますが、とりあえずは現時点で年長者から先に亡くなるものと推定して図を作成します。

この事例では、浩二を被相続人、妻・直美と長女・優香、次女・美咲を相続人とすることで、次のような相続関係図（厳密に言えば推定相続関係図）が完成します。

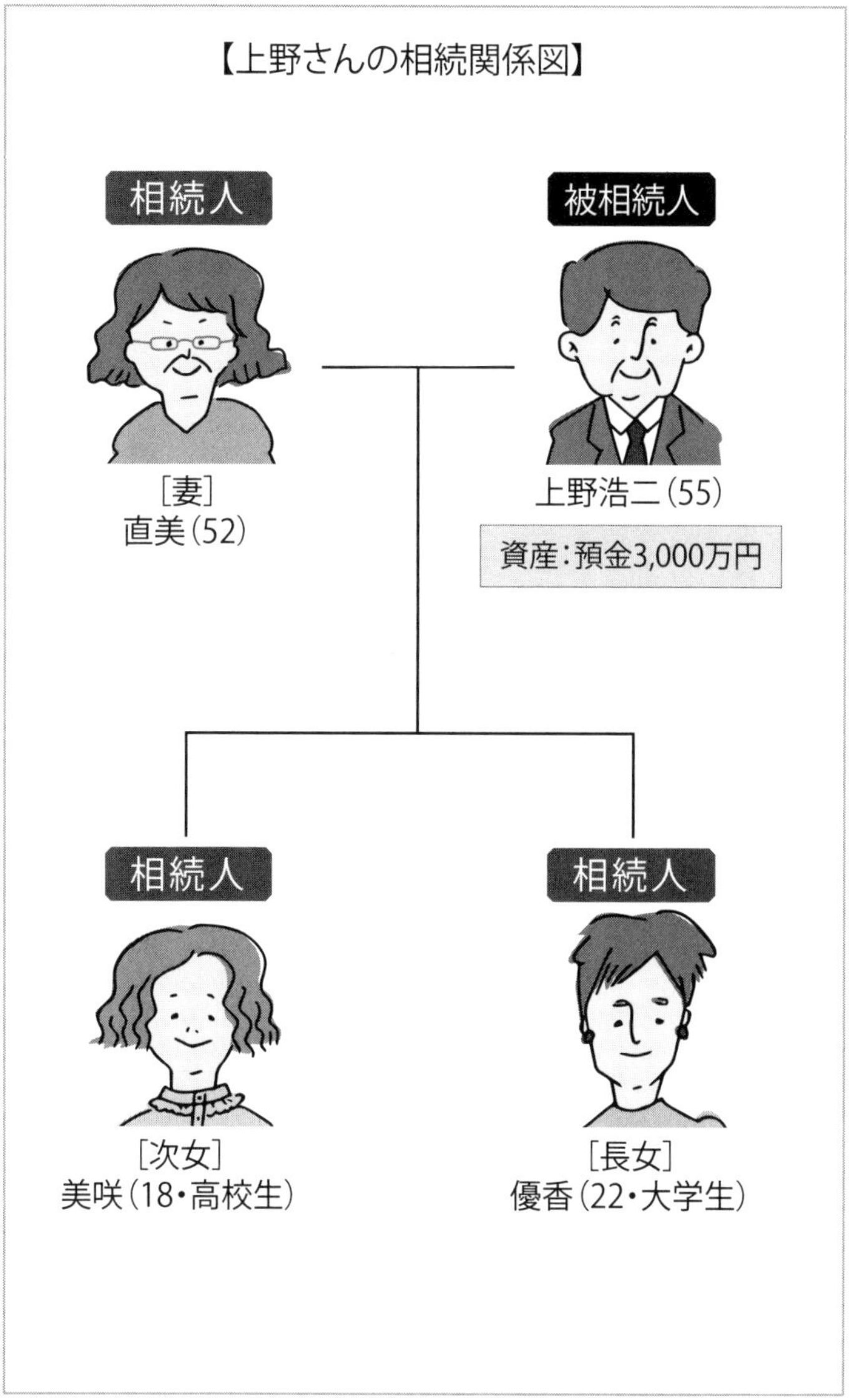
【上野さんの相続関係図】
相続人
[妻]
直美(52)
被相続人
上野浩二(55)
資産:預金3,000万円
相続人
[次女]
美咲(18・高校生)
相続人
[長女]
優香(22・大学生)

## 法定相続人を確認する

遺言の内容を検討する前に確認しておく必要がある要素として、**「法定相続人」**があります。法定相続人を１人でも失念した（漏らした）状態で遺言内容の検討を進めていくと、せっかく完成した遺言書が無意味な紙切れになってしまう可能性があるので、注意が必要です。

正確に確認しておきたい場合は、法務局で「戸籍謄本」や「除籍謄本」、「原《はら》戸籍謄本」などを取得して法定相続人を確認することとなります。

「親兄弟が誰かなんて、間違うはずはないね！」などと自信がある方であっても、自分が生まれる前のことや親が認知した子がいるケース、養子縁組したケースなどは、なかなか知り得ないところです。

法定相続人の人数や組合せは個々の相続ごとにさまざまであり、次の【法定相続人の範囲】の図でも一見するとたいへん複雑そうに見えます。それでも法定相続人は、この図の範囲内でなんとか収まります。

図中において、相続発生前にすでに子が死亡している場合は孫が代襲《だいしゅう》して**「代襲相続人」**

【法定相続人の範囲】

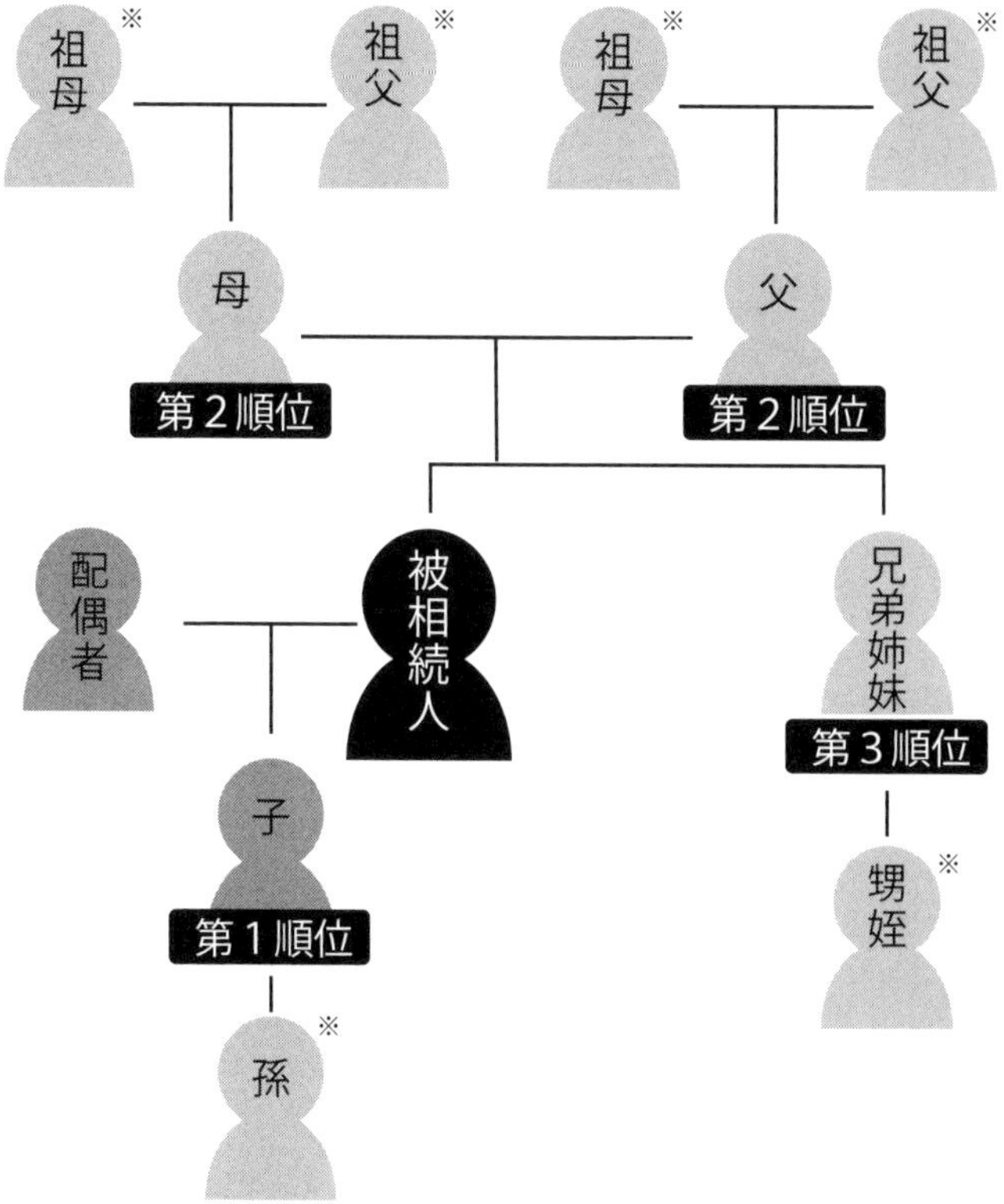


| 優先順位 | 種類 |
|---|---|
| 第１順位 | 子と代襲相続人 |
| 第２順位 | 両親など直系尊属 |
| 第３順位 | 兄弟姉妹と代襲相続人 |

※…先順位が死亡している場合に法定相続人となる

注）孫死亡により、ひ孫が代襲相続するケースはありえます。

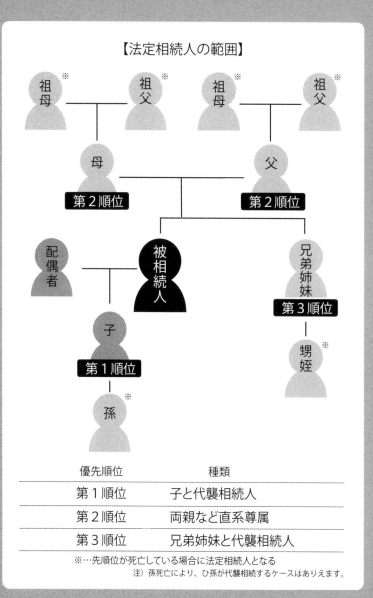

となります。同じく兄弟姉妹が死亡している場合は、甥や姪が代襲相続人となります。ただし、甥や姪が死亡している場合に限っては親族関係が薄くなることなどもあり、甥・姪までで打ち止めで、甥や姪の子までは代襲相続人となりません。

なお非常にまれなケースで、子がおらず父母双方ともすでに死亡しており祖父母が生きている場合は、祖父母が法定相続人となりますが、この場合は代襲相続人という呼び方はしません。

## 遺言書を書く

遺言書には「自筆証書遺言」や「公正証書遺言」、「秘密証書遺言」などがあることを1章で述べました。

本書では、実際に作成するときの手間やコストを軽減するため、これらのうち**「自筆証書遺言」**を利用すると仮定して話を進めていきます。

自筆証書遺言であれば、知人に立会を依頼したり、公証役場に出向いたりするような手間はかかりません。また立会人に謝礼を支払ったり、公証役場に報酬を支払ったりするようなコストも不要となります。

とはいえ自筆証書遺言の場合でも、相続関係者の氏名や生年月日等の確認のため、**戸籍謄本**や**住民票**等は市役所などで取得しておいた方が間違いないでしょう。戸籍謄本等を取って名前や住所を確認した際に、これまで書いていた漢字や地番などが謄本等と微妙に異なっていた事実にはじめて気づくことなどが実際にあるからです。

相続関係者の氏名、生年月日、住所などの確認さえ済んでしまえば、遺言書を書くのにそれほど時間はかかりません。おおよそ3分程度で終了するのではないでしょうか。ただし相続人の人数が3人、5人、7人と増えていけば、比例して作成時間が多少延びることにはなるでしょう。

遺言書のパターンはいくつもあり、どれが正解ということはないのですが、ここでは自筆証書遺言を、基本的かつシンプルなパターンで示しておきます。

なおこの遺言書例の中では、相続分を法定相続分通り「2分の1」や「4分の1」としていますが、法定相続分については多くのパターンがあるため、次の事例の部分で解説させていただきます。

いかがでしょう、この遺言書のひな型を見られて「これなら自分でも書ける！」と安心されたのではないでしょうか。これが遺言書の基本パターンだと考えていただければ結構です。

なお、自筆証書遺言を有効なものとするためのポイントは次の6点となります。

①自分で書く…代筆やワープロは不可
②筆記用具…改ざんや字消え防止のためボールペンや万年筆など
③用紙…指定はないがＡ４コピー用紙が無難
④日付…令和などの元号と西暦、漢字と数字のいずれも可
⑤署名…ペンネームも可だが戸籍上の氏名が無難
⑥押印…実印と認印どちらも可だが実印が無難

【遺言書の基本パターン】

遺言書

遺言者上野浩二は次のとおり遺言する。
　遺言者の有する財産を次のとおりの割合で相続させる。

妻　上野直美（生年月日昭和○○年○○月○○日）　2分の1
長女　上野優香（生年月日平成○○年○○月○○日）　4分の1
次女　上野美咲（生年月日平成○○年○○月○○日）　4分の1

令和△△年△月△日
東京都台東区××町×丁目×番×号
遺言者　上野浩二（昭和○○年○月○日生）　㊞

第2節
# 長生きにかかるコストを考える

## 人生１００年時代の功罪

かつての日本人の平均寿命は、戦後間もなくの１９５０年頃で男女平均が約59・８歳と60歳を割っていました。

その後右肩上がりに平均寿命は延び続け、２０２０年では男性が81・64歳、女性が87・74歳に達し、とくに女性は90歳に手が届くところまで来ています（厚生労働省・簡易生命表より）。

さらにこのまま延び続ければ、いずれ日本人の２人に１人は１００歳まで生きることになるのではないか、とまで言われています。いわゆる「人生１００年時代の到来」です。

これ自体はもちろんおめでたいことなのですが、その反面負の側面も持ち合わせています。世帯単位では生活費や介護費の増加という**「長生きコスト」**がまさに負の側面となってきました。

総務省の「家計調査年報　２０１８年版」を見てみると、世帯主が60歳以上の無職世帯（２人以上）のひと月あたりの支出は26万９７９０円となっています。

ということは60歳でリタイヤした夫婦が１００歳まで生きるとすると、老後の生活費だけで1億円（≒26万９７９０円×12ヵ月×40年）を超える巨額のコストが必要となってくることになります。

そのため近年では父母の一方が死亡した場合に、もう一方への配慮から、相続を自主的に辞退、すなわち**「遺産放棄」する子**が増加しているように感じ取れます。ちなみに「遺産放棄」は「相続放棄」より多少温和な放棄の方法です。

そこでここでは、親の長生きコストに配慮して、子が相続を辞退する事例を見ていきましょう。

■事例〈遺言－2〉

## 配偶者の老後のために、子には遠慮してもらい すべての遺産を配偶者に渡したい

佐倉勇

佐倉勇（85歳・無職）は60歳で会社をリタイヤした後、妻の弘子（76歳・無職）と千葉県にある人口20万人前後の、いわゆる東京の衛星都市である八千代市の3階建て賃貸マンションに、夫婦2人で悠々自適に暮らしている。

正確に言えば愛猫一匹（マンチカン・8歳）も同居している。

生活は勇の厚生年金と基礎年金月額15万円、弘子の基礎年金月額6万円と、あとは現役サラリーマン時代に貯めた預金を必要に応じて切り崩しながらで成り立っている。

勇は現役時代から病気知らずで、病院にもほとんど行ったことがないほどだった。

しかし昨年、体のだるさがなかなか取れないこともあり、病院で検査を受けたところ、肝臓がんのステージ3と診断され間もなく手術を受けた。

手術そのものは成功だったが、年齢のせいもあり退院後は体力がなかなか元に戻らず、以来自宅で寝たり起きたりの生活が続いている。

すっかり体力と健康に自信を失い、人生のゴールも見えてきたと感じた勇は、遺言を書く決心をした。

法定相続人は妻・弘子と長男・誠（54歳）の2人だが、勇は自分のガンが進行し死に至った後、妻の余生に必要となる老後資金が相応の額になるであろうことを心配している。

老後資金が枯渇してしまい、遺された妻が俗に言う「老後破産」となるようなことがあっては死ぬに死なないからである。

そのため、自分の４０００万円の遺産を、法定相続分に反してでも長男・誠には渡さず、全額を妻・弘子に渡したいと思っている。

勇は、まだこの案を長男・誠には話していない。

ただ、誠は上場企業の役員で相応の資産も有しており、また週に一度は親を心配して電話をかけてくるような親思いの優しい息子でもあるので、この案に反対することはないと確信している。

## 法定相続分を確認する

遺言書を作成する場合は、事前に**「法定相続分」**を確認しておく必要があります。

法定相続分とは、遺産の分け方を民法で定めたものです。

前節では「法定相続人」について見ていただきましたが、この法定相続人が決まれば「法定相続人ごとの法定相続分」は、何も考えなくても自動的に決定する仕組みになっています。

法定相続人の人数や組合せは、個々の相続ごとに千差万別です。それらすべてに対する対策を書くことは無理ですが、次ページで基本パターンをいくつか示します。基本パターンさえ押さえていただければ、あとはその応用として、法定相続人の人数と組合せから、個々の相続のケースに当てはめていただくことができるでしょう。

【法定相続分の基本パターン】

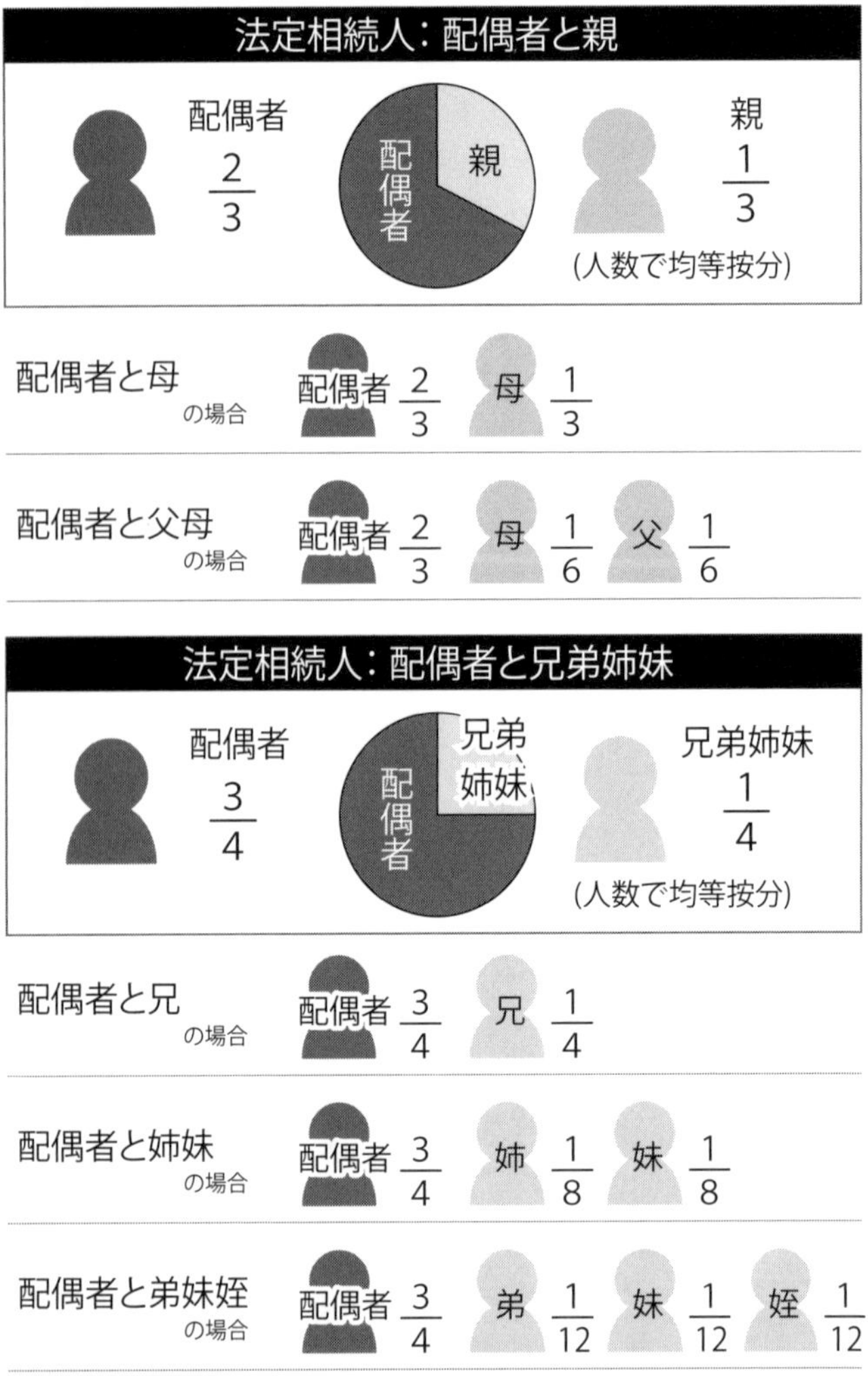
法定相続人：配偶者と親
配偶者 2/3
配偶者
親
親 1/3
（人数で均等按分）
配偶者と母の場合
配偶者 2/3
母 1/3
配偶者と父母の場合
配偶者 2/3
母 1/6
父 1/6
法定相続人：配偶者と兄弟姉妹
配偶者 3/4
配偶者
兄弟、姉妹、
兄弟姉妹 1/4
（人数で均等按分）
配偶者と兄の場合
配偶者 3/4
兄 1/4
配偶者と姉妹の場合
配偶者 3/4
姉 1/8
妹 1/8
配偶者と弟妹姪の場合
配偶者 3/4
弟 1/12
妹 1/12
姪 1/12

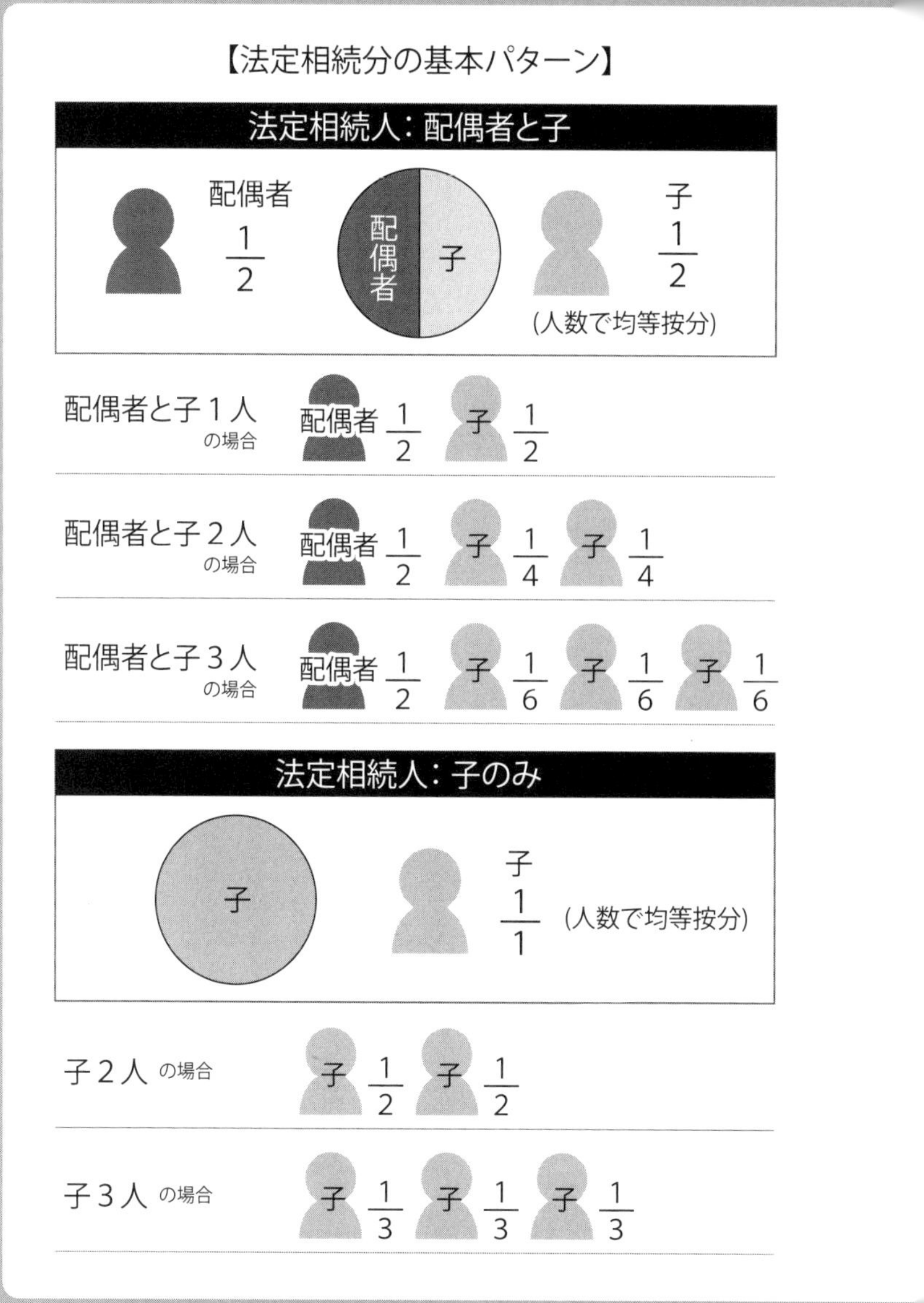
【法定相続分の基本パターン】
法定相続人：配偶者と子
配偶者 1/2
配偶者
子
子 1/2
(人数で均等按分)
配偶者と子１人の場合　配偶者 1/2　子 1/2
配偶者と子２人の場合　配偶者 1/2　子 1/4　子 1/4
配偶者と子３人の場合　配偶者 1/2　子 1/6　子 1/6　子 1/6
法定相続人：子のみ
子
子 1/1
(人数で均等按分)
子２人の場合　子 1/2　子 1/2
子３人の場合　子 1/3　子 1/3　子 1/3

## 相続関係図・法定相続額を確認する

この事例では「被相続人」（亡くなった人）である佐倉勇に対して、「法定相続人」（相続する資格のある人）が妻・弘子と長男・誠の２人となります。

勇はまだ存命中ですが、相続発生時の状況を示すために、左の図では佐倉勇を「被相続人」、他の方を「法定相続人」としています。

これを前ページの法定相続分の表に当てはめると、「配偶者と子1人」が該当し、法定相続分が「配偶者2分の1、子2分の1」となります。

勇の遺産額は４０００万円となっています。

ということは、勇が亡くなった場合の各相続人の法定相続額は、左の図のように、

妻・弘子…２０００万円

長男・誠…２０００万円

となります。

【佐倉さんの相続関係図・法定相続額】

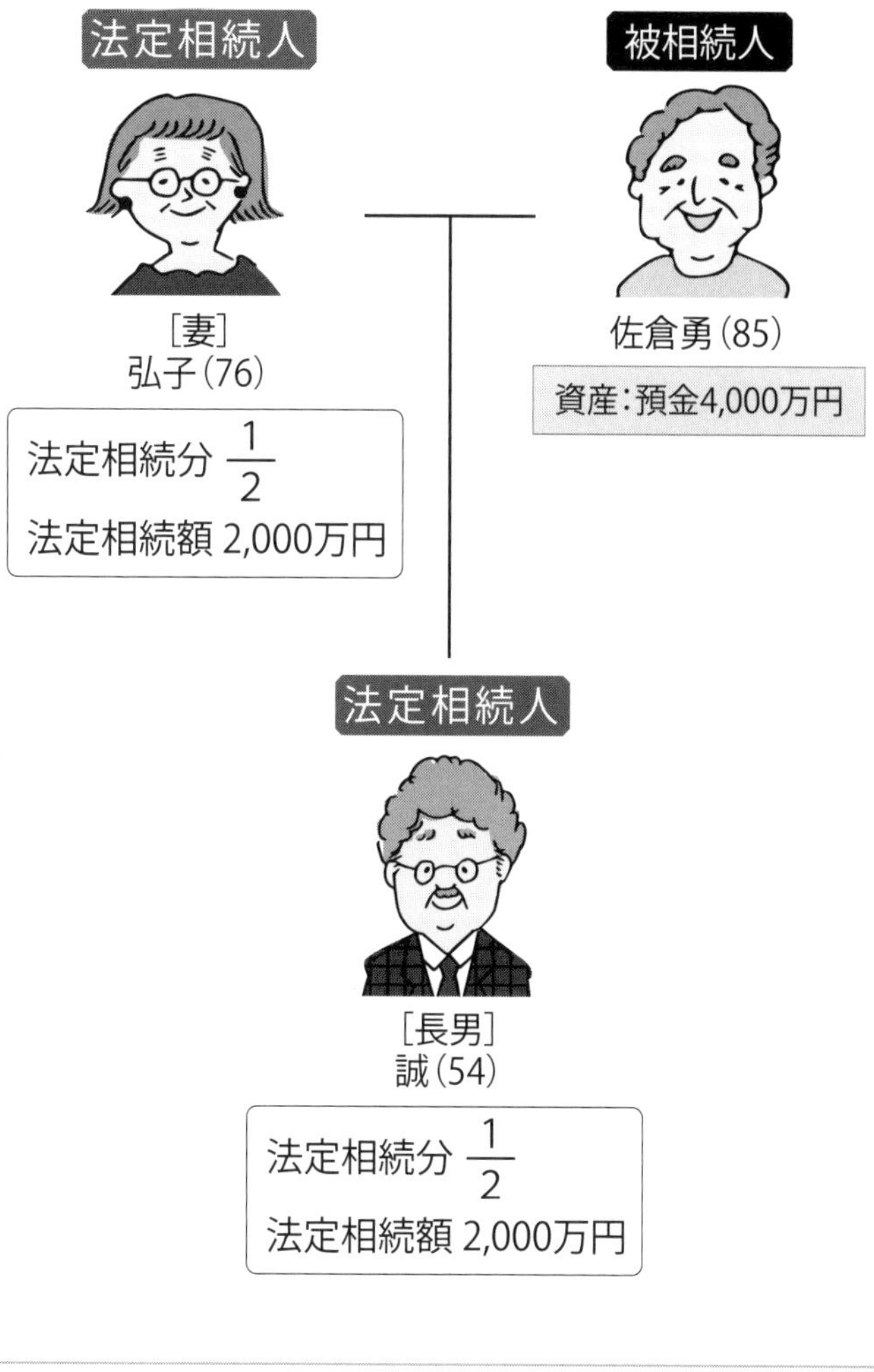

## シンプルな遺言書を書く

では、「遺産の全額を妻・弘子に相続させたい」という勇の要望を満たすことは可能なのでしょうか。

答えは「可能」です。しかもたった３分で実現可能です。

具体的にはどのようにすれば良いか。

紙とペンと実印を準備した上で、**自筆証書遺言**を作成すれば３分で処理は完了です。

では、その自筆証書遺言のひな型を左に示します。

ご高齢の方が遺言書を作成する場合、いくら文字数が少なかったとしても、若い人と異なり、やはり指も目も疲れることでしょう。

そこで今回は、もっとも文字数が少なくなると考えられる、すなわちもっともシンプルな様式で遺言書を作成してみました。

遺言書は複雑に書こうと思えばいくらでも複雑に、いくらでも文字数をふくらませて書く

遺言書

遺言者佐倉勇は次のとおり遺言する。

遺言者に属する一切の財産は妻佐倉弘子（昭和□□年□月□日生）に相続させる。

令和△△年△月△日

千葉県××市××町×丁目×番×号

遺言者　佐倉勇（昭和○○年○月○日生）㊞

こともできます。それは遺言者（被相続人）の自由です。

ただ、とくにこだわりがないのであれば、やはり「シンプルイズベスト」なのです。

なお遺言書の書式は縦書き、横書きのいずれでも構いません。お好きな方で作成してください。本書では縦書きで構成されている関係上、その流れで記載例も縦書きにしているにすぎません。

## 遺言書作成の効果

ではこの遺言書を作成した場合の「相続関係図および相続額」は、どのように変化するでしょうか。

結果は左図の通りとなりました。

長男・誠の相続額は０円となった代わりに、妻・弘子の相続額は４０００万円となりました。勇の希望通り、無事遺産の全額が弘子に渡ることとなりましたね。

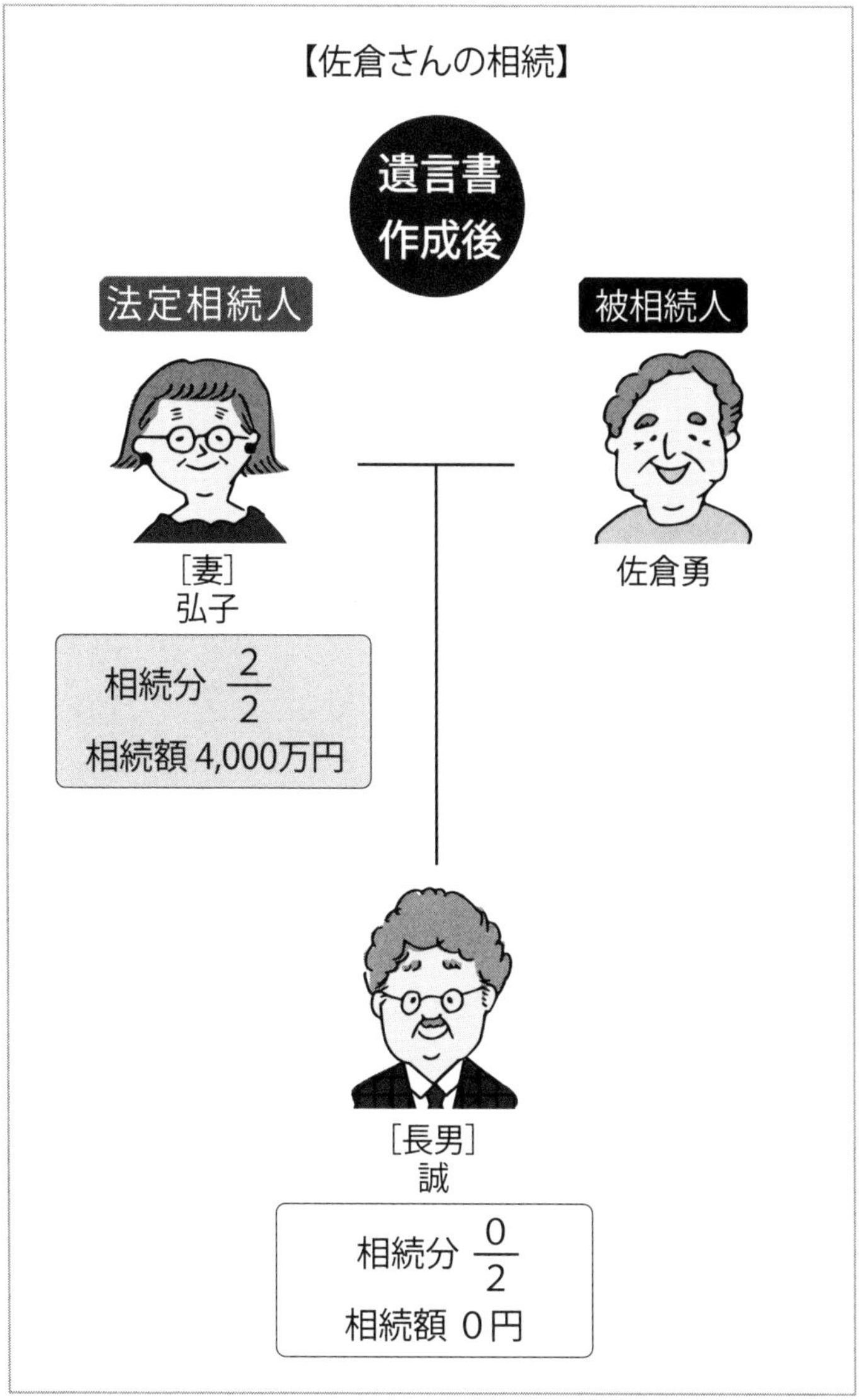
【佐倉さんの相続】
遺言書
作成後
法定相続人
被相続人
［妻］
弘子
相続分 2/2
相続額 4,000万円
佐倉勇
［長男］
誠
相続分 0/2
相続額 0円

第3節
# つきあいのない遠戚がいるケース

## 相続人の変化の潮流

筆者は長年相続税申告に携わっていますが、その中で、以前は末広がりの三角形（△）であった相続関係図が、近年は逆三角形（▽）に変化してきていることに気づいています。

この奇妙な現象の原因は、やはり少子高齢化です。

以前は戦後のベビーブームに象徴されるように子供が多い時代が続いていたのですが、近年は少子高齢化の影響で子供が０～１人のケースが増えてきたことが、相続関係図の形の変化に表れてきているのでしょう。

このような影響もあり、近年では、子供がいない、あるいは子供自身も高齢となりすでに死亡していることも増えています。その結果、**父母や兄弟姉妹、甥姪が相続人となるようなケース**が増加してきています。

近年では血族や親戚とのつきあいも希薄になっています。配偶者の兄弟姉妹、まして甥や姪などとは普段の親戚づきあいがないケースも多く、一度も会ったことさえないケースも珍しくありません。

ところが相続が発生すると、それらの親戚が「法定相続人」となるケースがあり、相続財産を分け与えなければならなくなります。

そのような状況に陥ってしまうことなど、事前にはなかなか予測しがたいことです。しかし**いったん相続が発生してしまえば、時を戻すことはできません**。

被相続人の配偶者にとっては、長年かかって築き上げた財産の一部が、よく知らない人に渡るかたちでいきなり消失してしまうことになるのですから、割り切れない心情が残って当然でしょう。

次の事例では、最近多いこのようなケースについて打開策を模索していきます。

■事例〔遺言―３〕

## 疎遠な親族ではなく、配偶者に遺産を遺したい

熱田茂（75歳・無職）は、愛知県名古屋市内にある5階建ての賃貸マンションで、妻の和子（70歳・パートタイマー）と２人で暮らしている。

２人に子供はおらず、茂の親族は両親がすでに他界、弟が１人いたが20年ほど前に病死している。

その弟には息子・哲也（43歳・契約社員）がおり、茂にとっては妻以外で唯一の親族とも言えるが、今では疎遠となっている。

生活は、夫婦２人の年金月額19万円と妻・和子のパート代月額約5万円とで、切り詰めてなんとか成り立っている。ただ和子にとってはパートの仕事が、体力的に年々きつくなってきており、そろそろ引退の潮時かと考えている。

茂は若い頃ヘビースモーカーだった影響もあり、慢性の肺疾患を抱えていて、発作が起きた時のために常に小型の酸素吸入器を携帯している。そんな現状のため、茂自身は自分の長生きをあまり期待してはいない。

それよりも茂としては自分の死後、物忘れの目立ってきた妻・和子が認知症などで介護状態となるリスク、いわゆる「介護リスク」を憂慮している。

介護リスクによる一番の不安は経済面に及ぼす影響であり、たとえば認知症のグループホームに75歳から95歳まで20年間入居したとなれば、おおよそ４８００万円（月額約20万円×12ヵ月×20年）の費用がかかってしまう。

そのような介護リスクに対処するためにも、

４０００万円の遺産を甥の哲也には渡さず、すべて妻・和子に相続させたいと考えている。

また妻・和子自身も、夫の甥・哲也とはかなり以前法事の際に一度会ったきりで、普段の親戚づきあいもまったくない。

そういう状況も手伝ってか、和子も夫亡き後の自分の老後資金確保のために、遺産の全額を取得したいと希望している。

## 相続関係図・法定相続額を確認する

この事例では茂が亡くなった場合、左の図のように妻の和子が３０００万円、甥の哲也が１０００万円相続することになります。

これでは、遺産全額を妻・和子に相続させるという夫婦の夢はかないません。すなわち、和子の老後資金計画に暗雲が垂れ込めることにもなってしまいます。

【熱田さんの相続関係図・法定相続額】

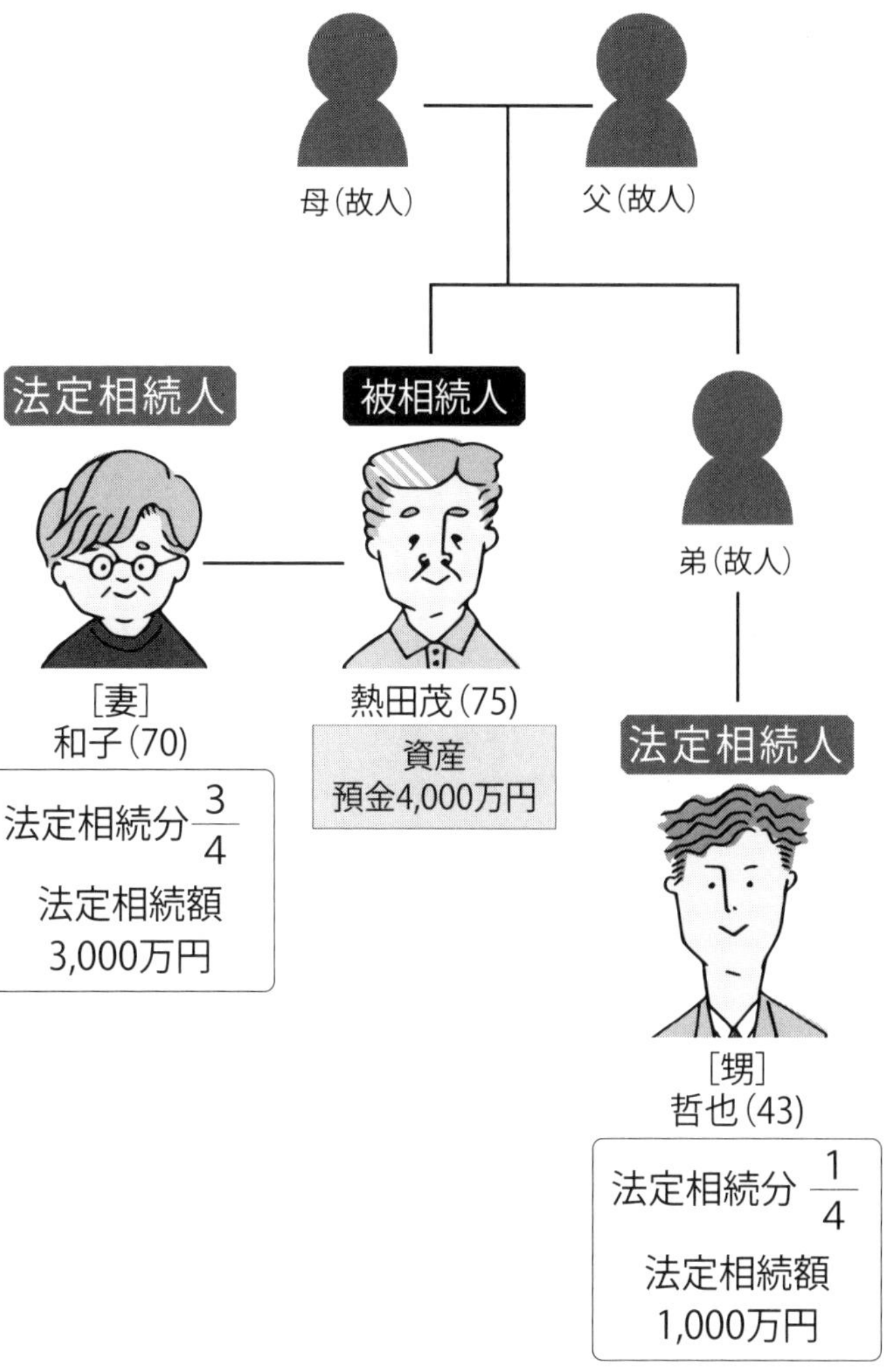

## シンプルな遺言書を書く

では、茂・和子夫妻の要望通り、遺産全額を和子に遺すことは可能なのでしょうか。
これも前節の事例と同じく、答えは「可能」です。
やはりたった３分で実現可能です。

具体的にはどのようにすれば良いか。
**自筆証書遺言**を作成すれば３分で処理は完了です。
今回も非常にシンプルな様式の遺言書となっています。
では、そのひな型を次に示します。

遺言書

遺言者熱田茂は次のとおり遺言する。

遺言者に属する一切の財産は妻熱田和子（昭和□□年□月□日生）に相続させる。

令和△△年△月△日

愛知県名古屋市××区××町×丁目×番×号

遺言者　熱田茂（昭和○○年○月○日生）㊞

## 遺言書作成の効果

この遺言書を作成した場合の「相続関係図および相続額」はどのように変化したでしょうか。

結果は左図のとおりとなりました。

茂・和子夫婦の希望通り、無事遺産の全額が和子に渡ることとなりましたね。

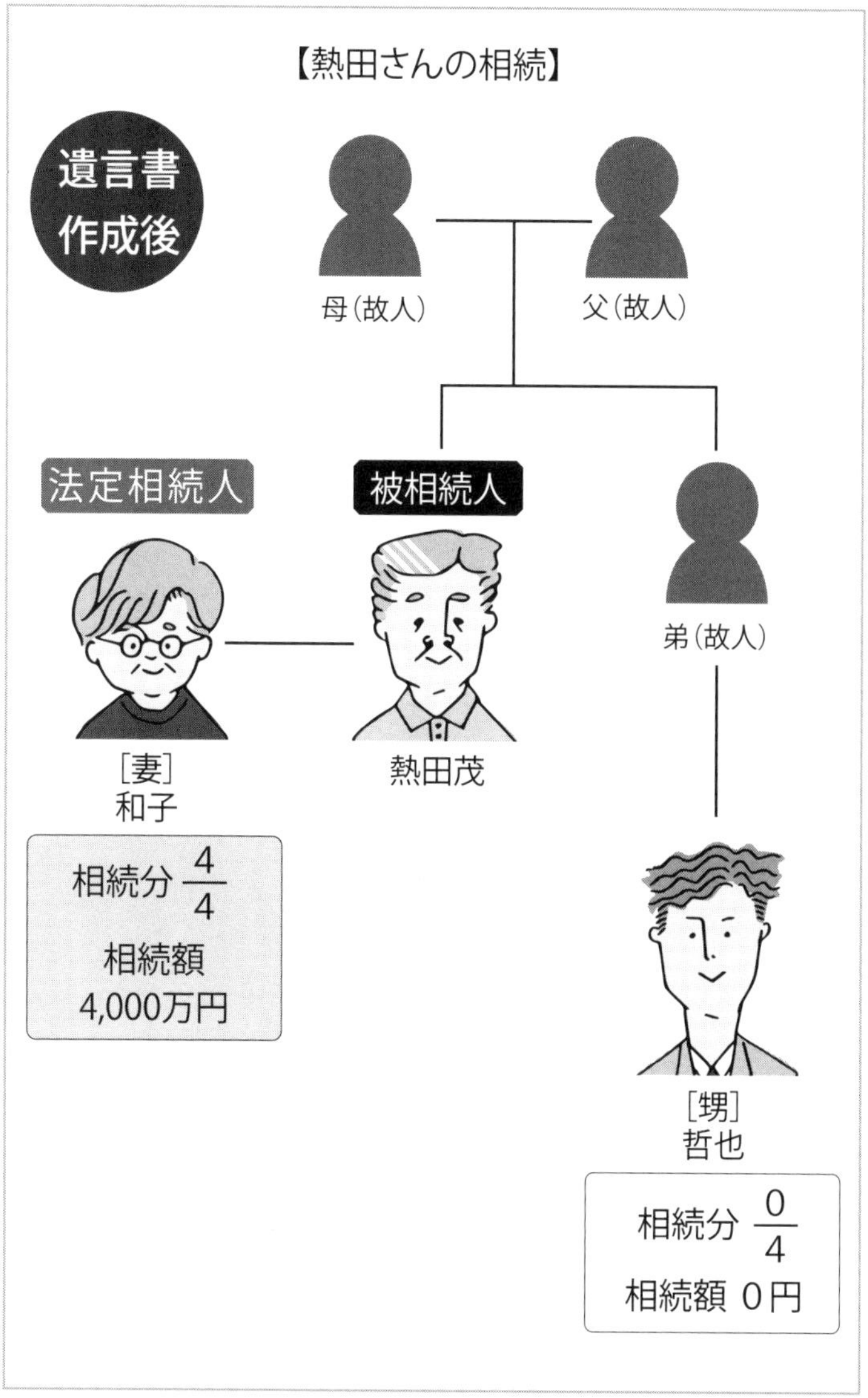
【熱田さんの相続】
遺言書
作成後
母（故人）
父（故人）
法定相続人
被相続人
弟（故人）
［妻］
和子
熱田茂
相続分 4/4
相続額
4,000万円
［甥］
哲也
相続分 0/4
相続額 0円

## 遺留分の把握

ここである疑念を持たれた方もおられると思います。

「じゃ、**遺留分**はどうなってしまったの？」という疑念です。

「遺留分」とは、**法定相続人に認められる最低限の遺産の取得割合**のことです。

たとえば遺言書に、「相続人の１人に遺産の全部を渡す」と書かれていたとしても、他の相続人はその遺言に従う必要はありません。**「最低限の遺産」を請求することができる**のです。

最低限の遺産とは、**原則として法定相続分の「2分の1」**です。かりにある法定相続人の法定相続額が３０００万円とすれば、遺留分はその２分の１の１５００万円となります。

法定相続人が父母のような直系尊属《ちょっけいそんぞく》のみである場合に限っては、法定相続分の「３分の１」となります。かりにある法定相続人の法定相続額が３０００万円とすれば、遺留分は１０００万円となります。

ただし遺留分は絶対的な権利ではありません。

【遺留分を主張できる法定相続人の範囲】

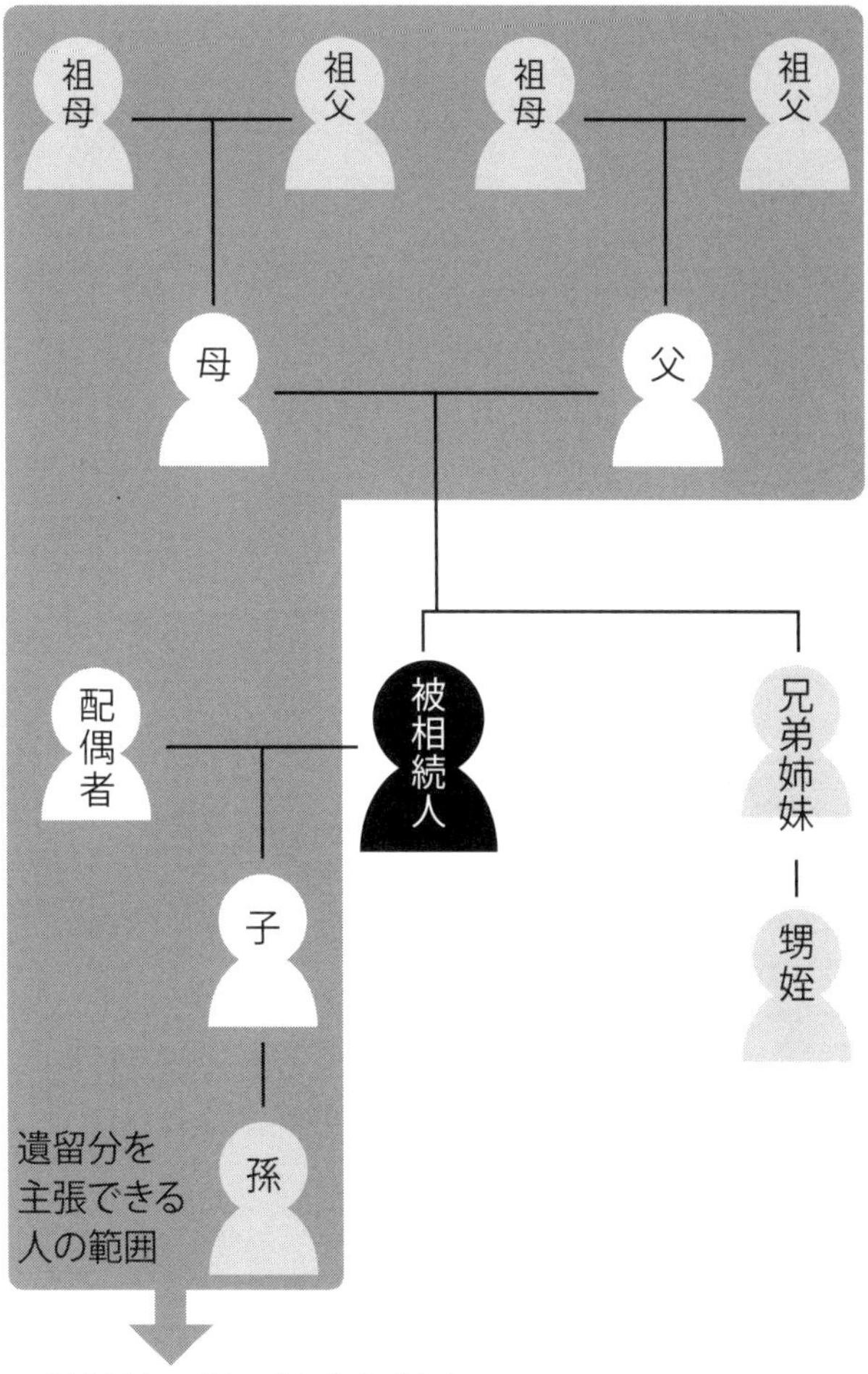

たとえばこの事例の甥・哲也のような場合は遺留分を主張することはできないのです。遺留分を主張できる法定相続人の範囲は**「兄弟姉妹以外の法定相続人」**です。すなわち被相続人の配偶者、子、父母などが遺留分を主張でき、兄弟姉妹にまでは遺留分を認める必要はないとされているのです。

兄弟姉妹の代襲相続人となる可能性がある甥や姪についても同様です。

このように遺言書作成前の準備段階として、どの相続人にどれだけの遺留分があるかを把握しておく必要があります。

そうしないと後で遺留分を請求されてしまい、遺言書通りの相続を実行できなくなるおそれがあるからです。

## 遺留分侵害額請求とは

遺言書を作成する際に、遺留分を侵害していなければ問題はありません。

しかし知ってか知らずか、往々にして遺留分を侵害した状態の遺言書が作成されがちではあります。

遺留分を侵害された法定相続人は、侵害した者に対して、**原則として相続開始から1年以内に「遺留分侵害額請求」を行うことができます**。その結果侵害した者は、侵害された法定相続人に対して、侵害した額を金銭で支払うよう定められています。

では実際に他の相続人の遺留分を侵害した状況となったときに、侵害された相続人は必ず遺留分侵害額請求を起こすものなのでしょうか。

現実的には次の理由から、請求を起こす割合はそれほど高くないものと思われます。

・請求人が遺留分について知らないケースがある
・請求人が遺留分侵害額請求について知らないケースがある
・請求額がそれほど高くないケースではメリットが薄い
・親族同士での遺産争いを避けたい感情が働く
・請求期限まで日数的に余裕がない（10ヵ月の相続税申告期限後わずか2ヵ月）

とはいえ、できることなら最初から遺留分を侵害しない範囲の遺言書を作っておけば、遺留分侵害額請求に怯え続ける心配もないのでベターでしょう。

## 相続税を確認する

遺留分を心配していた茂は、遺言書を書くことによって自分が死亡した際には、妻・和子に全財産を渡せると知って胸をなでおろしました。

ところが茂には、すぐさま次の心配がわき起こってきました。それは「全財産をまとめて妻・和子に渡すとなると、今度は和子に大きな**相続税**がかかってくるのではないか？」という心配です。

でもこの事例においては、その心配は無用です。相続税は0円なのです。

その計算は左の表で示します。「相続税がかかるか、かからないかだけ分かればいい」という方はこの表をスルーしていただければ結構です。もし相続税の計算過程に興味があれば、目を通してみてください。

この事例における計算は、容易なレベルのものとなっています。茂の遺産総額4000万円よりも基礎控除4200万円の方が大きくなっています。

その結果、差引額である課税価格が0円となったため、相続税額もめでたく0円となりました。

**【熱田さんの相続税額の計算】**

遺産総額　定期預金 4,000万円 …①

基礎控除　3,000万円 ＋ 600万円× 2 人※ = 4,200万円 …②

※妻・甥

課税価格　①4,000万円 − ②4,200万円　< 0

0×税率0%=0

**相続税額　0円**

## 【遺言を準備するときのプロセス】

1・戸籍謄本や住民票等を取得する

2・法定相続人を確認する

3・相続関係図を書く

4・相続財産を確認する

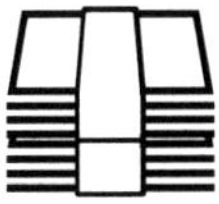

5・相続財産の取得者を決める

6・遺言書を書く

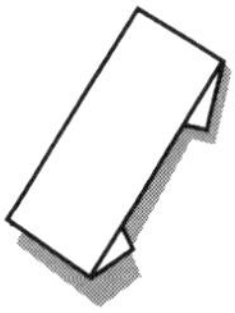

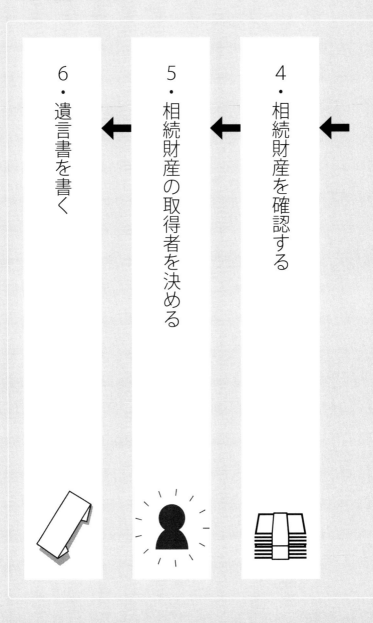

# 3章　信託でできること

# 信託契約の種類とそれぞれの特徴

1章でも述べましたが、相続を思い通りにプランニングするために活用できる信託には、次の4種類のものがあります。

①信託契約
②遺言代用信託
③遺言信託
④自己信託

このうち「①信託契約」は、将来被相続人となると推定される方がまだお元気なうちから、期間的に余裕をもって信託にかかる事務手続きを行っておくことができます。

それに対して「②遺言代用信託」と「③遺言信託」の方は、被相続人予定者が死亡し、実際に相続が発生した時点で信託にかかる主要な事務手続きがあわただしくスタートします。

　また「④自己信託」の方は、自作自演型と呼ばれたりすることもあるくらいで、特殊なケースにおいてのみ利用される信託となっています。

　相続がいったん発生すると、葬儀、初七日、四十九日、病院への支払い、関連組織への死亡届や各種変更手続き、年金手続き、登記手続き、遺産分割協議、その他諸々の手続きを順次処理する必要が生じます。それらの対応だけでも大変なのに、同時期に「信託に関する事務手続き」が加わるとすれば、相続人等の負担は増すばかりです。

　負担の大きさゆえ、確実に信託事務をこなすためには、弁護士や司法書士、税理士などの信託監督人や受益者代理人、遺言執行者などへの依頼も必要となってきかねません。そうなれば、彼らに対しての報酬もかさんでくるでしょう。

　ですので、本書においては4種類の信託のうち、実務的に余裕をもって利用することが可能で、また専門家への報酬も抑えることのできる「**①信託契約**」のメリットを重視し、基本的にこの方法を使って以後の事例を考えていきます。

## 第1節
# 障害のある子の将来のためにお金を遺す

### 親亡き後問題

相続において信託が活用される典型的なケースに、「**親亡き後問題**」があります。

この親亡き後問題とは、**親が亡くなった後の障害のある子の世話**に関する問題のことをいいます。

障害のある子がいる場合、親が元気なうちは親がその子の面倒を見ることができるでしょう。しかし親にも当然寿命があり、いつまでも生きられるわけではありません。

親の心配は、「自分が死んだあとはいったい誰が子供の面倒を見てくれるのだろうか」という切実なものです。親は障害のある子の先行きを考えると、死んでも死にきれない心境でしょう。

そこで、親の心配を解消するアイテムとして、信託が登場するのです。

わが国の障害者の数は、身体障害、知的障害、精神障害の3区分の合計で約960万人、国民の7・6％がなんらかの障害を有していることになります。（内閣府「令和元年版 障害者白書」）

この数字から類推すると、現在すでに「親亡き後問題」に直面しているか、将来的に直面する可能性の多い世帯数はかなりの数に上るものと考えられます。

では次の事例で、この親亡き後問題に対する信託の活用策を見ていきましょう。

■事例〔信託―１〕

## 身体障害のある子のためにお金を準備しておきたい

古賀節子

古賀節子（72歳・無職）は福岡市内で長女・友美（44歳・無職）と２人暮らしをしている。

住居は親族の所有する築50年ほどの古い木造住宅を使用貸借《しようたいしゃく》、つまりその親族の好意により無償で借りて住んでいる。

長女・友美は生まれつき重度の身体障害者で、障害等級１級の認定を受けている。ほぼ寝たきりの状態なので、普段の身の回りの世話は節子が行っている。

また長女・友美は判断能力が低下した精神疾患ではないので、成年後見制度の適用は受けられないと専門機関から聞かされている。

生活は、５年前に節子の夫が亡くなったことによる遺族年金月額12万円と、長女・

友美の障害者年金月額8万円と、あとは貯蓄の切り崩しとで成り立っている。
節子の資産は夫から相続した預金5000万円があり、子供は長女・友美の下にもう1人長男・大輔（42歳・会社員）が隣県で生活している。
5年前までは夫とともに長女・友美の介護をしてきたが、夫の他界後は節子が1人で介護をしている。
しかし節子も高齢となり、長女・友美の介護も体力的にかなり厳しくなってきた。そのため節子は年を追うごとに、自分が亡くなった後、友美の世話を誰がしてくれるのかと、その行く末を強く案じるようになってきた。そこで、節子自身が亡くなった後も友美の生活に支障がないように、信託というものを活用できないかと思案している。

## 相続関係図を用意する

次の図は、節子を被相続人と推定した場合の相続関係です。

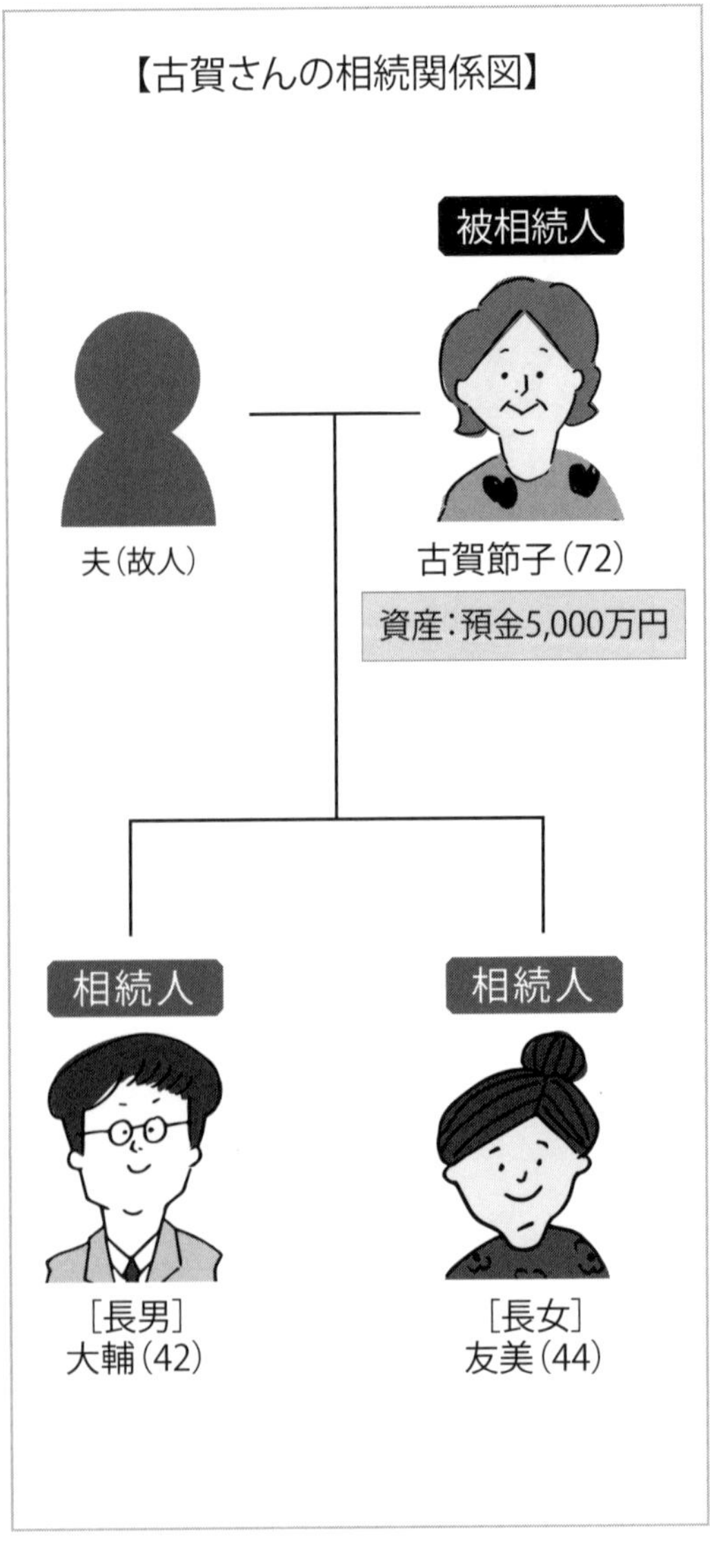

## 信託三当事者を設定する

信託を締結するには、**3人の当事者「委託者」「受託者」「受益者」の設定**が必要となります。この信託三当事者の設定が信託の要《かなめ》であり、これが決定すればあとは事務的な作業をしていくだけとなります。

委託者……信託財産の管理を受託者に委託する人
受託者……信託財産の管理を受託する人
受益者……利益を受ける人

今回の事例では4種類の信託「信託契約」「遺言代用信託」「遺言信託」「自己信託」のうち、**信託契約**を使います。

また信託設定時における三当事者は、次のようにします。

・委託者…節子
・受託者…長男・大輔
・受益者…節子

そのうえで節子所有の預金５０００万円を信託財産と設定し、当初は節子が信託財産から受託者・大輔を通して給付を受けるようにします。（**第一次受益者**・節子）

その後節子が死亡し相続が発生した時点において、受益者を長女・友美となるよう信託契約を設定しておきます。

そうすることで相続発生後は、長女・友美が信託財産から受託者・大輔を通して給付を受けられるようになります。（**第二次受益者**・長女・友美）

このように、受益者が節子から長女・友美へと連続するような信託の仕組みは**「受益者連続型信託」**と呼ばれ、比較的新しく認められた信託のタイプです。

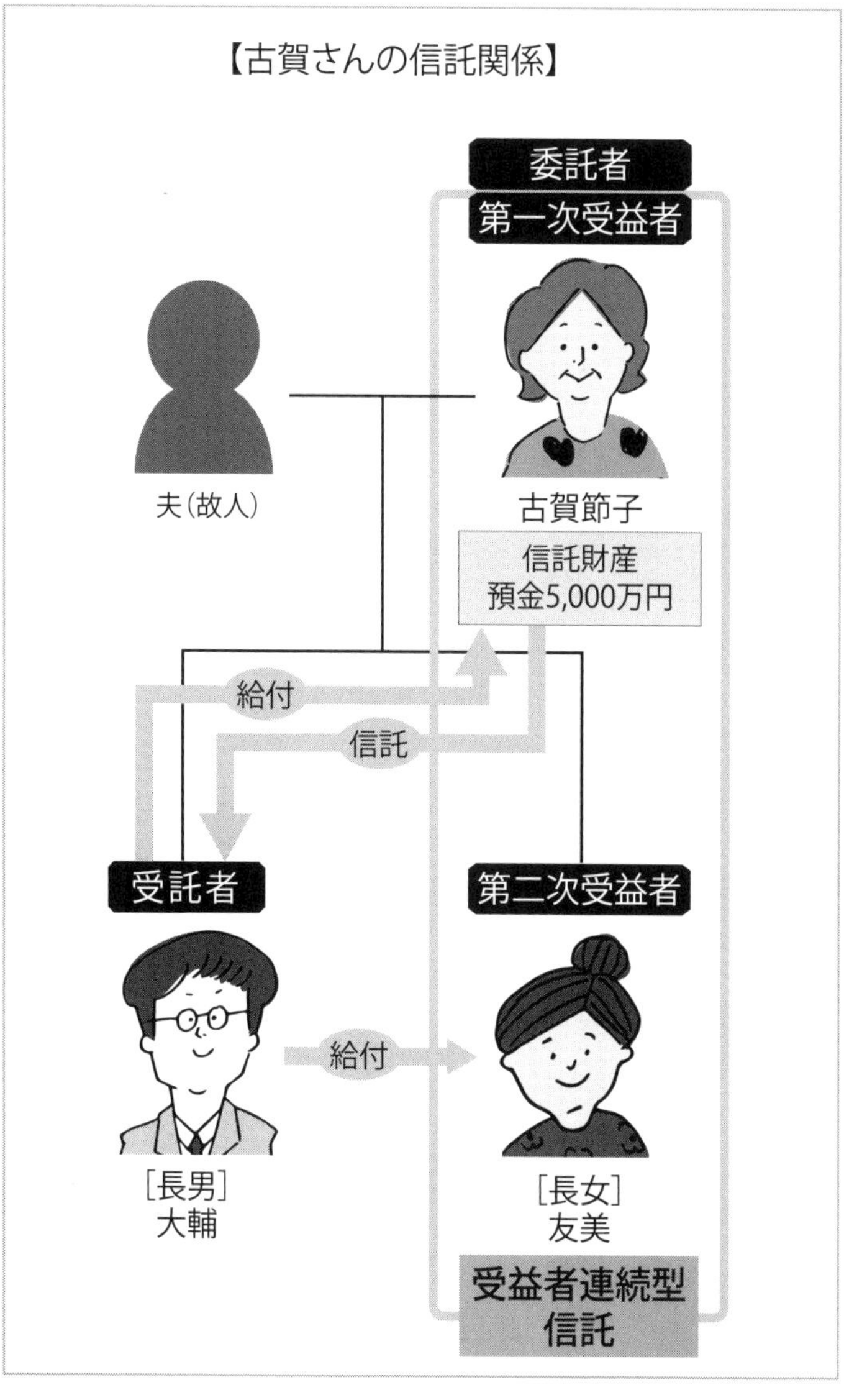
【古賀さんの信託関係】
委託者
第一次受益者
夫（故人）
古賀節子
信託財産
預金5,000万円
給付
信託
受託者
第二次受益者
給付
［長男］
大輔
［長女］
友美
受益者連続型
信託

## 委託者と受益者を兼任する理由

ここで「なぜ最初から長女・友美を受益者としなかったのだ。二度手間じゃないのか？」という疑問がわいてくるはずです。

一見、二度手間とも思える方法をとる理由は２つあります。

第一の理由は、本章の最初にも述べた**「余裕をもって信託を利用するため」**です。節子が健在のうちから信託契約を設定しておくことにより、節子の相続発生時の混乱した状況下において、信託契約にかかる繁雑な手続きを行う手間が省けるからです。

第二の理由は**「税金対策」**です。

今回の事例で信託契約当初から長女・友美を受益者としてしまうと、その時点で信託財産の５０００万円の預金を長女・友美が節子から贈与を受けたとみなされて、友美に莫大な**贈与税**が課せられてしまうからです。

しかし相続発生時点ではじめて長女・友美を受益者に転換することで、贈与税は回避されます。代わりに相続税が課せられることにはなりますが、相続税の税率は贈与税の税率より大幅に低く、場合によっては非課税となる可能性も出てきます。

その結果、かなりの節税になるのです。

## 信託スキームをつくる

信託の当事者は、委託者・受託者・受益者の三者を設定することになりますが、この中で**信託のスキーム（仕組み）**を作成するのは、大半のケースで**委託者**となります。

この事例においても委託者節子が中心となって、受託者や受益者の了解を得ながら最良のスキームの信託契約を作り上げていくことになります。

この事例における信託スキームは次のとおりです。

1・委託者の設定　………　節子とする
2・受託者の設定　………　長男・大輔とする（大輔の了解を得る）

３・受益者の設定　………当初は節子、節子死後は長女・友美とする（友美の了解を得る）
４・信託財産の設定　……預金５０００万円とする
５・受託者報酬の設定　…有償無償の別、有償であれば金額の決定
６・信託財産の口座開設…信託財産である預金５０００万円について金融機関で信託口口座を開設し、その口座に預金を振替
７・信託財産の管理　……受託者・大輔が信託財産（預金）の管理を開始し、その中から受益者（当初は節子、死亡後は長女・友美）に給付

信託スキームをこのように構築することにより、長女・友美には母・節子の死亡後も、信託財産５０００万円が確保されることになりますので、経済的な心配はなくなります。長女・友美が介護施設に入った場合でも、その施設への支払いは受託者である長男・大輔を通じて、信託財産の中から直接その施設に支払われることになります。

この信託スキームを確実に実行することにより、委託者の目的は達成されます。

## 課税関係を確認する

この事例の信託では、信託の設定時点で信託財産である預金5000万円の名義が、委託者・節子から受託者・大輔に変更されたり、委託者・節子の相続の発生時（節子の死亡時）には受益者が節子から長女・友美に変更されたりします。

では課税関係はどうなるのでしょうか。**〔信託設定時〕**と**〔相続発生時〕**というふうに、タイムスケジュールに沿って見ていきましょう。

**〔信託設定時〕**

この時点においては、信託財産である預金5000万円の名義が委託者節子から受託者・大輔に変更されます。しかし、委託者と受益者をともに節子と設定しているので、実質的に利益を享受する人は節子本人であることに変動はありません。

つまり税務上は節子から長男・大輔に対する名義の移動、すなわち贈与はなかったものとみなされます。よって長男・大輔に対する贈与税の課税は発生しないこととなります。

〔相続発生時〕

この時点においては受益者が、第一次受益者の節子から第二次受益者の長女・友美に変更になります。それにともない、実質的な利益を享受する対象者も節子から友美へ移動します。

つまり税務上においては、相続発生時における信託財産である預金を、節子から長女・友美が相続により取得することになるので、友美に相続税がかかります。仮に預金が手つかずの５０００万円のままであったとすれば、その金額が相続税の対象になります。

ただし相続税の計算においては次のように、障害者に対して税負担を軽減する**「障害者控除」**の制度が設けられています。

一般障害者（身体障害者手帳の等級が3～6級など）……年あたり10万円
特別障害者（身体障害者手帳の等級が1～2級など）……年あたり20万円

このように2種類の区分別で、それぞれの金額を85歳までの年数に乗じた額が、仮税額から控除されます。

今回の事例では相続発生時の長女・友美の年齢にもよりますが、もし信託設定後すぐに節子の相続が発生したとすれば、820万円（20万円×〈85歳－44歳〉）が仮税額から控除され、相続税の負担はないことになります。

**【古賀さんの相続税額の計算】**

| | |
|---|---|
| 遺産総額 | 預金 5,000万円 …① ※預金残高を5,000万円と仮定 |
| 基礎控除 | ①3,000万円＋600万円×２人※＝4,200万円 …② |

※長女・長男

| | |
|---|---|
| 課税価格 | ①5,000万円－②4,200万円＝800万円…③ |
| 仮税額 | ③800万円÷2＝400万円<br>400万円×税率10%×２人※＝80万円…④ |
| 障害者控除 | 20万円×（85歳－44歳）＝820万円…⑤ |
| 課税価格 | ④80万円－⑤820万円 ＜0 |

**相続税額　0円**

第2節

# 賃貸物件の管理をしていた配偶者が亡くなった後の管理を考える

## 配偶者亡き後問題

前節の「親亡き後問題」と並んで、相続において信託が活用されるもう一つの典型的な例に**「配偶者亡き後問題」**があります。

この配偶者亡き後問題とは、夫婦の一方、すなわち配偶者が亡くなった場合、残されたもう一方の高齢者だけではこれまで通りの生活が維持できなくなってしまう、という問題をいいます。

とくにこの問題が顕著に表れるのは、**賃貸物件の財産管理等**を行っていた配偶者が死亡した後、残されたもう一方も高齢や認知症などにより、財産管理等を継続することが困難な状況となるようなケースです。

わが国の賃貸住宅戸数は現在約２４００万戸といわれており、そのほとんどは高齢者が所有している状況にあります。

このような賃貸関連の財産管理にまつわる「配偶者亡き後問題」は、賃貸物件を所有する多くの高齢者が、すでに直面している可能性のある比較的身近な問題ともいえます。

では次の事例で、この配偶者亡き後問題をテーマとして見ていきましょう。

■事例〈信託―２〉

## 自分亡き後の妻の生活を支えるために息子にマンション管理を託したい

住吉修

住吉修（75歳・賃貸経営）は妻・順子（70歳・専業主婦）と、大阪市内で自己所有の賃貸マンションの一室で暮らしている。

この自己所有の賃貸マンションは鉄骨造り４階建てで、賃貸収入は年額２４００万円、生活はこのうちの利益年額９６０万円（月額80万円）で成り立っている。

マンションの資産価値は時価８０００万円で、修の所有資産はこのマンションのみである。

夫妻には同府内に暮らす長男・健太（40歳・会社員）と、同じく長女・麻衣（35歳・パートタイマー）がいる。

修は心臓に持病を抱えており、月に一度の病院通いをしている。

妻・順子の方はここ数年で物忘れが激しくなり、病院で見てもらったところ軽度の認知症という診断を受けている。

心臓の持病のため修は自身の健康に強い不安を感じており、また妻・順子の認知症の悪化も非常に憂慮している。

そのため修は順子より先に自分が死亡した場合、順子ひとりでは賃貸マンションの管理は不可能になると予想している。

そこで、修自身が亡くなった後も妻・順子の生活に支障がないように、信託を活用できないものかと考えている。

## 相続関係図を用意する

次の図は、修を被相続人と推定した場合の相続関係図です。

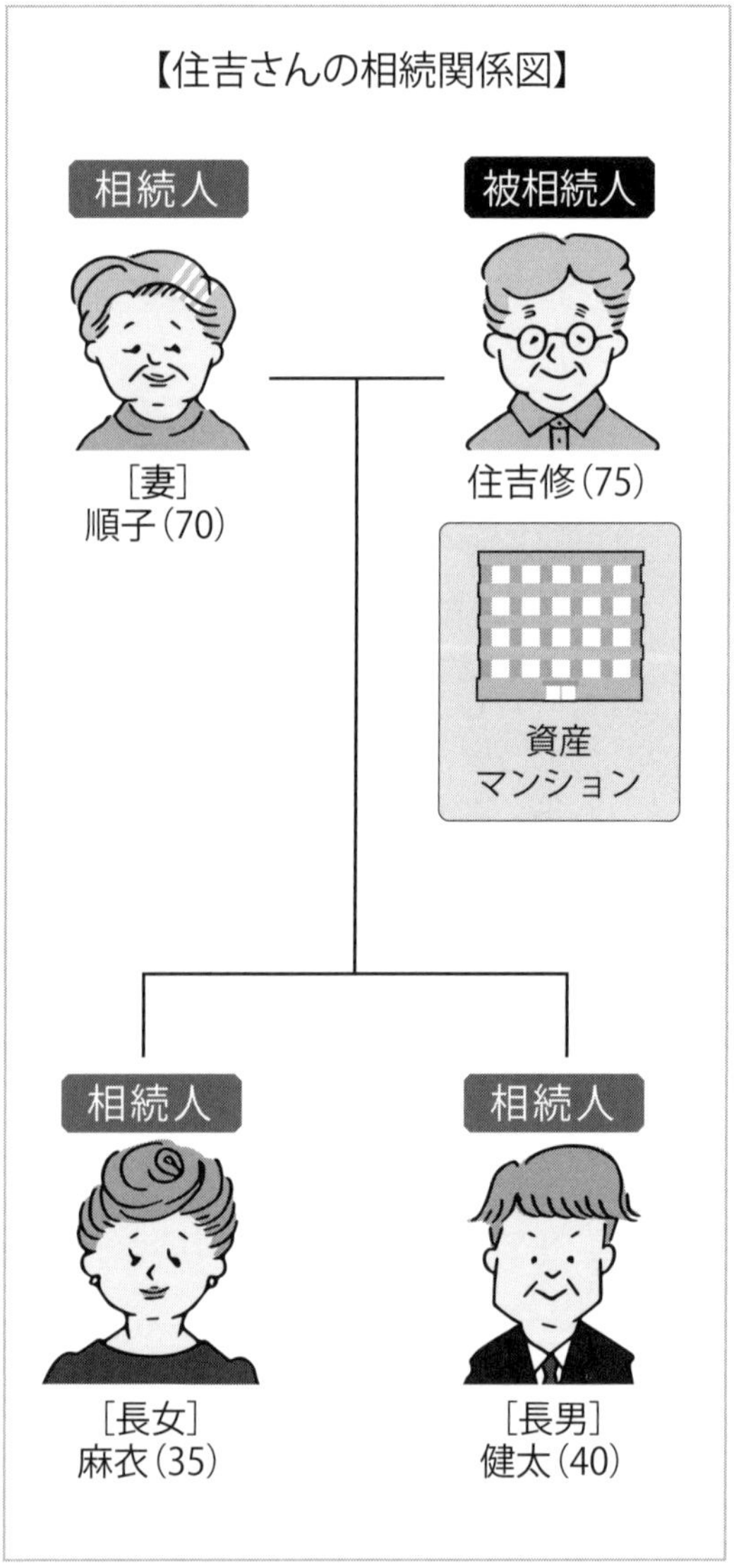

## 信託三当事者を設定する

今回の事例でも4種類の信託「信託契約」「遺言代用信託」「遺言信託」「自己信託」のうち、**信託契約**を使います。

また信託設定時における三当事者は、次のようにします。

・委託者…修
・受託者…長男・健太
・受益者…修

そのうえで賃貸マンションを信託財産と設定し、当初は住吉修が信託財産から給付を受けるようにします。（第一次受益者）

その後修が死亡し相続が発生した時点において、受益者を妻・順子となるよう信託契約を設定しておきます。

そうすることで相続発生後は、妻・順子が受託者である長男・健太を通して、信託財産か

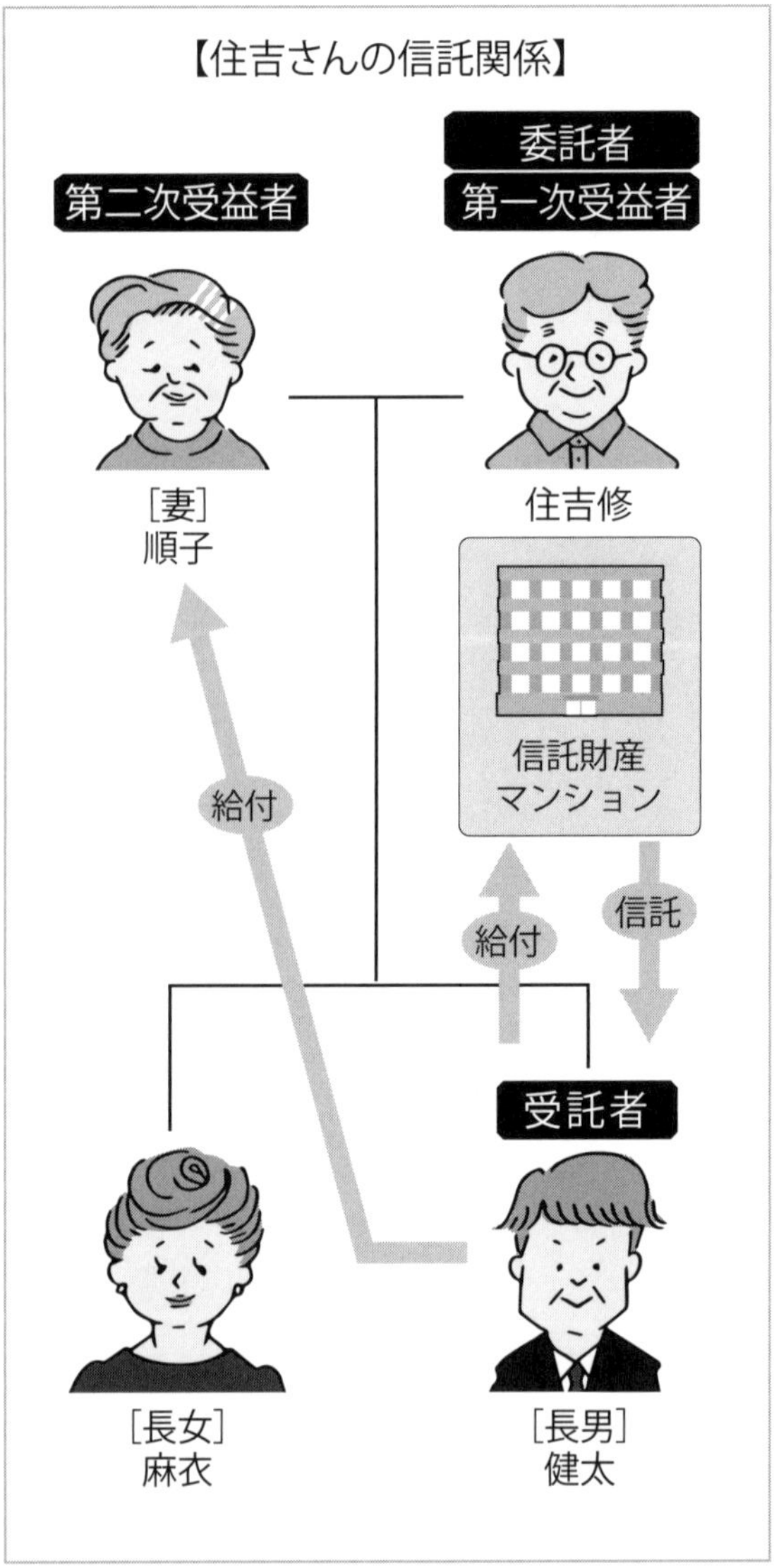


ら給付を受けられるようになります。（第二次受益者）

## 信託スキームをつくる

このケースにおいては委託者・修が中心となって、受託者や受益者の了解を得ながら最良のスキームの信託契約を作り上げていくことになります。

今回の事例における信託スキームは次のとおりです。

1・委託者の設定　………修とする
2・受託者の設定　………長男・健太とする（健太の了解を得る）
3・受益者の設定　………当初は修、修の死亡後は妻・順子とする（順子の了解を得る）
4・信託財産の設定　……賃貸マンションとする
5・受託者報酬の設定　：有償無償の別、有償であれば金額の決定
6・信託財産の登記　……信託財産について信託の登記、および修から受託者・健太へ

７・信託財産の管理　……の所有権移転登記をする
受託者・健太が信託財産（賃貸マンション）の管理を開始し、賃貸収入から必要額を受益者（当初は修、死後は順子）に給付する

信託スキームをこのように構築することにより、妻・順子は配偶者（修）の死後も不慣れで繁雑なマンションの管理に一切関わらなくても、受託者（長男・健太）を通してマンションの賃貸料を得ることができ、安心して老後生活を送ることができるようになります。

妻・順子が配偶者（修）死亡の時点で、認知症専門の介護施設であるグループホームに入らなければならないほど重度の認知症になっていたとしても、信託契約にまったく影響はなく、確実に賃貸収入から給付を受けることができるのです。

## 信託税制の利用には意識の転換が必要

この事例で信託スキームを実行していく過程においては、信託財産である賃貸マンションの所有権を、委託者・修から受託者である長男・健太に移転することになります。

分かりやすく言えば、外見的には賃貸マンションを**譲渡または贈与**するということです。

しかし税金に詳しい方であればあるほど、これは大ごとだと感じるはずです。賃貸マンションのような高額な不動産の名義をむやみに動かせば、莫大な所得税や贈与税などがかかることになってしまうからです。

しまいには「名義を変えるなど馬鹿げた話だ！　素人のやることだ！」というようなお叱りの声が聞こえてきそうですね。もし８０００万円の不動産を贈与したとすれば、およそ４０００万円もの贈与税がかかってしまうからです。そうなれば、建築資金の借入金がまだ残っている場合などでは破産しかねません。

ところが信託の世界においては、このような税法の常識は通用しないのです。**まったく概**

**念が異なる**からです。

信託においては**受託者が委託者より財産を預かっている（信託されている）にすぎない**、と考えるのです。ですので、信託のために名義を変えても所得税や贈与税はかかりません。

この事実を受け入れるには、税金に詳しい方であればあるほど、無理やりにでも従来の意識を１８０度転換する必要がありそうですね。

## 課税関係を確認する

この事例の信託でも不動産が関連していますので、税制面においてはやはり意識の転換が必要となってきます。

また、不動産の名義変更に関わる税目（税金の種類）は数種類あり、複雑に絡み合っているので、とくに最初は混乱しがちになります。

【住吉さんの信託設定時における不動産取引の税金】

| | | |
|---|---|---|
| 譲渡所得税 | 非課税 | |
| 贈与税 | 非課税 | |
| 不動産取得税 | 非課税 | |
| 登録免許税 | 課税 | 一般的な名義変更にかかる税率の0.3〜0.4% |

〈信託設定時〉

この時点においては、信託財産である賃貸マンションの名義が、委託者・修から受託者である長男・健太に変更されます。

しかし、委託者と受益者をともに修と設定しているので、実質的に利益を享受する人に変動はありません。そのため基本的には課税は生じないこととなります。

税目別に見ていくと、まず不動産の登記を移転した際に通常課税される「**譲渡所得税**」や「**贈与税**」は、先の説明のとおり非課税となります。

これと同じく不動産を取得した際に、原則として固定資産税評価額の４％で課される「**不動産取得税**」も非課税となります。

ただし、不動産の名義変更の際の「**登録免許税**」だけは課税になります。

信託にともなう名義変更の際に固定資産税評価額に対して課される税率は、一般的な名義変更にかかる税率の２割程度の０・３〜０・４％ほどの低率に抑えられています。

今回の事例で課税される登録免許税は、おおよそ数十万円程度で済むはずです。

〔相続発生時〕

この時点においては、「受益者」が第一次受益者の修から第二次受益者の妻・順子に変更になります。それにともない信託財産である賃貸マンションを、修から順子が相続により取得することになるので、順子に**相続税**がかかります。

賃貸マンションの土地部分の相続税評価額は、原則として路線価を基とした価額から地域ごとに設定されている入居者の権利部分（貸家建付借地権・おおよそ15％程度）を控除した額となります。

賃貸マンションの建物部分の相続税評価額は、固定資産評価額から同じく地域ごとに設定されている入居者の権利部分（借家権・おおよそ30％程度）を控除した額となります。

実際の相続税額の算定においては、税額を納税者に有利な方向で減額できる「小規模宅地

## 【住吉さんの相続税額の計算】

遺産総額　6,200万円…①

●土地評価額
4,000万円×（1−0.5×0.3）※1＝3,400万円
●建物評価額
4,000万円×（1−0.3）※2＝2,800万円
計 6,200万円

配偶者税額軽減

①6,200万円＜ 1億6,000万円 → 6,200万円…④
（配偶者税額軽減の特例）

課税価格　①6,200万円−④6,200万円＝0

0×税率0%=0円

↓

**相続税額　0円**

※1…8,000万円のうち土地の割合は50%の4,000万円とする。
借地権割合は50%、借家権割合は30%とする。
小規模宅地等の特例は度外視。
※2…8,000万円のうち建物の割合は50%の4,000万円とする。
建物全体を賃貸部分とみなして簡易計算。

の評価減の特例」や「配偶者税額軽減の特例」なども使えます。

今回の事例においては左図のように、１億６０００万円まで枠がある**「配偶者税額軽減の特例」**を使うことにより、相続税は非課税となりました。

## 安心感の醸成

相続を思い通りにプランニングするために信託を利用すると、次のように種々の安心感を得られる副次的効果もあります。

①遺言書のように再作成されてしまい従前のものが無効になる心配がない
②遺言書のように相続人の協議で撤回される心配がない
③成年後見制度をまだ利用できない段階でもプランニング可能
④本人が認知症になった場合のプランニングも可能

## ①遺言書のように再作成されてしまい従前のものが無効になる心配がない

前章で解説のとおり、遺言書はたった3分で書けてしまうほどお手軽なものなのですが、そのお手軽さゆえのデメリットもあります。

それはもし遺言者（推定被相続人）の気が変わったら、次の3分で別の遺言書が書けてしまうことです。

せっかく遺言者と推定相続人が十二分《じゅうにぶん》に時間をかけて、いったんはお互い納得の上で遺言書を作成したとしても、その後遺言者の気が変わり遺言書を再作成してしまえば、前の日付の当初の遺言書は無効になり、あとの日付の遺言書が有効となってしまいます。

たとえ遺言書を再作成したとしても、遺言者は再作成の事実を推定相続人に知らせる義務などありません。そもそも遺言書をどう書こうが遺言者の自由なのですから。

一方、信託契約はれっきとした**契約**であり、委託者や受託者等が信託契約書に署名押印等をすることにより、契約書としての効力を発揮します。

ですので、推定相続人が自分だけで勝手に書き直すことなどできない仕組みになっているのです。

### ②遺言書のように相続人の協議で撤回される心配がない

遺言書の作成がなされていたとしても、相続発生後に相続人の間で遺産分割協議により遺言書と異なる内容の遺産分割がなされた場合は、あらかじめ作成してあった遺言書は原則として無効になります。

つまり、一部の推定相続人と遺言者（推定被相続人）とがともに計画した相続プランおよび遺言書があったとしても、それは白紙撤回されてしまうということになるのです。

一方、信託契約に記載された内容については、**遺言書より優先される個別契約**なので、その部分については相続人の協議などにより撤回されるおそれはありません。

### ③成年後見制度をまだ利用できない段階でもプランニング可能

相続プランを計画する際は、ケースによって配偶者等に「**成年後見制度**」を利用する方法も考えられます。

成年後見制度を利用するには、原則として配偶者等の判断能力低下などの要件を充足した上で、家庭裁判所の審判を受ける必要があります。そのため、必ずしもこの制度の適用を受けられるとは限りません。

しかしこのような不確定な状況にあったとしても、信託は判断能力の低下が要件とはなりませんので、信託の利用については問題ありません。

## ④本人が認知症になった場合のプランニングも可能

最後は本人（推定被相続人）が認知症になった場合です。

信託はもともと契約時と相続発生時とのタイムラグがあるので、その間に本人が認知症になってしまう可能性も否定できません。

そんな場合でも、そのような事象が発生した場合の対応策をあらかじめ契約書の中に盛り込んでおけば、信託の利用に支障はありません。

第3節
# 不肖の子がいるケースはどうすればいいか

## 子にもいろんなタイプがいる

世間でよく聞くことわざに「馬鹿な子ほど可愛い」というものがあります。意味はもちろん、親にとっては出来のいい子供より出来の悪い子供の方が可愛く見える、ということです。

できの悪い子供のことを「不肖《ふしょう》の子」と表現したりもしますが、親にとっては不肖の子であればあるほど、不憫《ふびん》に思う気持ちも手伝って、他の子供よりも余計に可愛く見えるのでしょう。

一口に「不肖」といってもさまざまな性質のものがありますが、こと相続が絡むととくに注意を要する性質の不肖というものがあります。

それは「金にだらしのない」という意味での不肖です。

たとえば酒やギャンブルにおぼれ、まともに働きもせず、親に金を無心にくるようなケースです。

このようなケースでは親が一生かかって築いた財産を、せっかく相続で渡したとしても、いずれ酒代やギャンブル代に消えてしまうことが明白だからです。

こうなると「馬鹿な子ほど可愛い」などと悠長なことも言っていられません。不肖の子に渡す財産は他の子より極力減らすか、不肖の子を通り越して不肖の子の子（孫）に渡すことにするか、などの防衛策を講じる必要が生じてきます。

この節では、このような事例における信託の活用を検討していきましょう。

■事例〈信託―３〉

## 不肖の息子ではなく、孫娘のために財産を遺したい

比嘉ウシ

比嘉《ひが》ウシ（79歳・無職）は沖縄県那覇市郊外の、琉球王朝の王城であった首里城近くの住宅で、会社員の長男晃《あきら》（48歳）とその妻、子との４人暮らしである。

居宅は築30年あまりの鉄筋コンクリート造り一戸建てで、以前ウシの夫が亡くなった際に長男・晃が夫から相続している。

一家の生活は夫の死亡時からウシが受給している遺族年金月額11万円と、会社勤めの長男・晃の給料月額40万円とで成り立っている。

ウシの子供には長男・晃のほか、次男・琉二《りゅうじ》（39歳・アルバイト）がいる。

長男・晃は真面目な性格で、仕事もほとんど休まずに頑張っている一方、次男・琉二は対照的に若い頃からだらしない性格である。高校も中退し現在は時々アルバイト

の仕事をするくらいで、定職にも就いていない。

次男・琉二がまともな職につけない大きな理由に、競馬、競艇、パチンコ、麻雀などのギャンブルが三度の飯より好きだということがある。

とはいえギャンブルで生活費を稼げるはずもなく、軍資金がなくなると母親であるウシのところへ金の無心にやってくる始末である。

琉二の前妻は、そんなギャンブル中毒で定職にも就かない夫に愛想を尽かし、数年前に娘の琉那《るな》（ウシの孫）を残して家を出てしまった。

その後間もなくして前妻は別の男と再婚し、今では音沙汰もない。

その結果、やむなく琉二は娘の琉那を引き取った形となっている。

ウシにとって不肖の子である次男・琉二のことはもちろん悩みの種なのだが、それよりも孫娘・琉那のことがもっと心配である。定職にも就かない琉二に、琉那の生活費や教育費を十分工面できるとも思えないからだ。

現在ウシは長男・晃たちと一家４人で安定した生活を送っていることも考慮し、かわいい孫娘のためなら、老後資金として蓄えた預金３０００万円を琉那の生活費や教育費にあてても構わないと考えている。

ただ、その資金を孫娘・琉那の父親であり親権者でもある次男・琉二に渡した途端、琉二はその金を握りしめてギャンブルに走ってしまうことは明白である。

そこでウシは以前知人から聞いた「信託」という方法を使って、次男・琉二のギャンブルに使われないよう、孫娘・琉那がせめて人並みに大学を卒業するまで生活費や教育費の面倒を見たいと思っている。

## 相続関係図を用意する

次の図は、ウシを被相続人と推定した場合の相続関係図です。

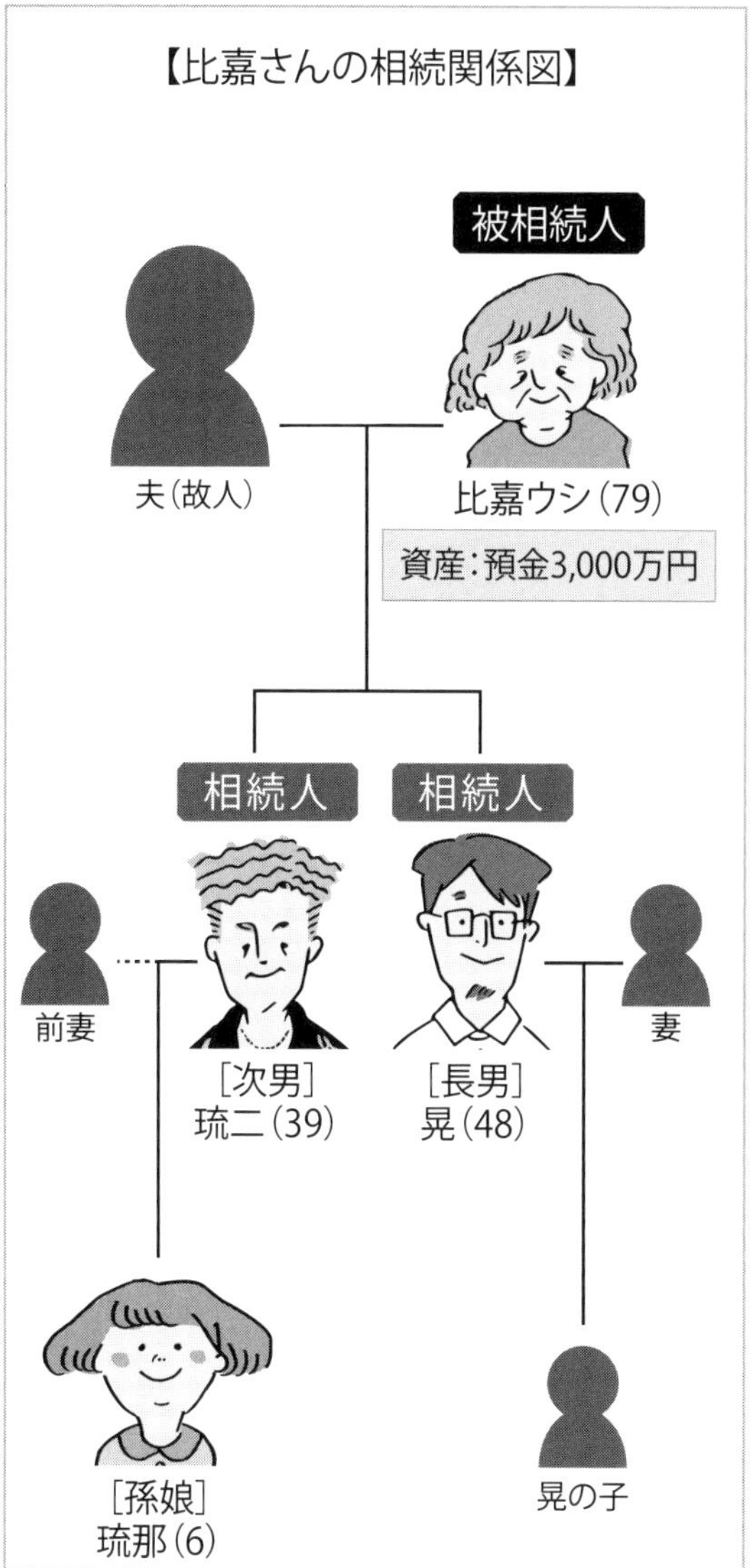

## 信託三当事者を設定する

今回の事例でも４種類の信託「信託契約」「遺言代用信託」「遺言信託」「自己信託」のうち、**信託契約**を使います。

また信託設定時における三当事者は、次のようにします。

・委託者…ウシ
・受託者…長男・晃
・受益者…ウシ

そのうえで預金３０００万円を信託財産と設定し、当初は受託者である長男・晃が信託財産からウシに対して給付を行います。

ウシはその中から孫娘・琉那に生活費・教育費の必要額を渡すこととします。

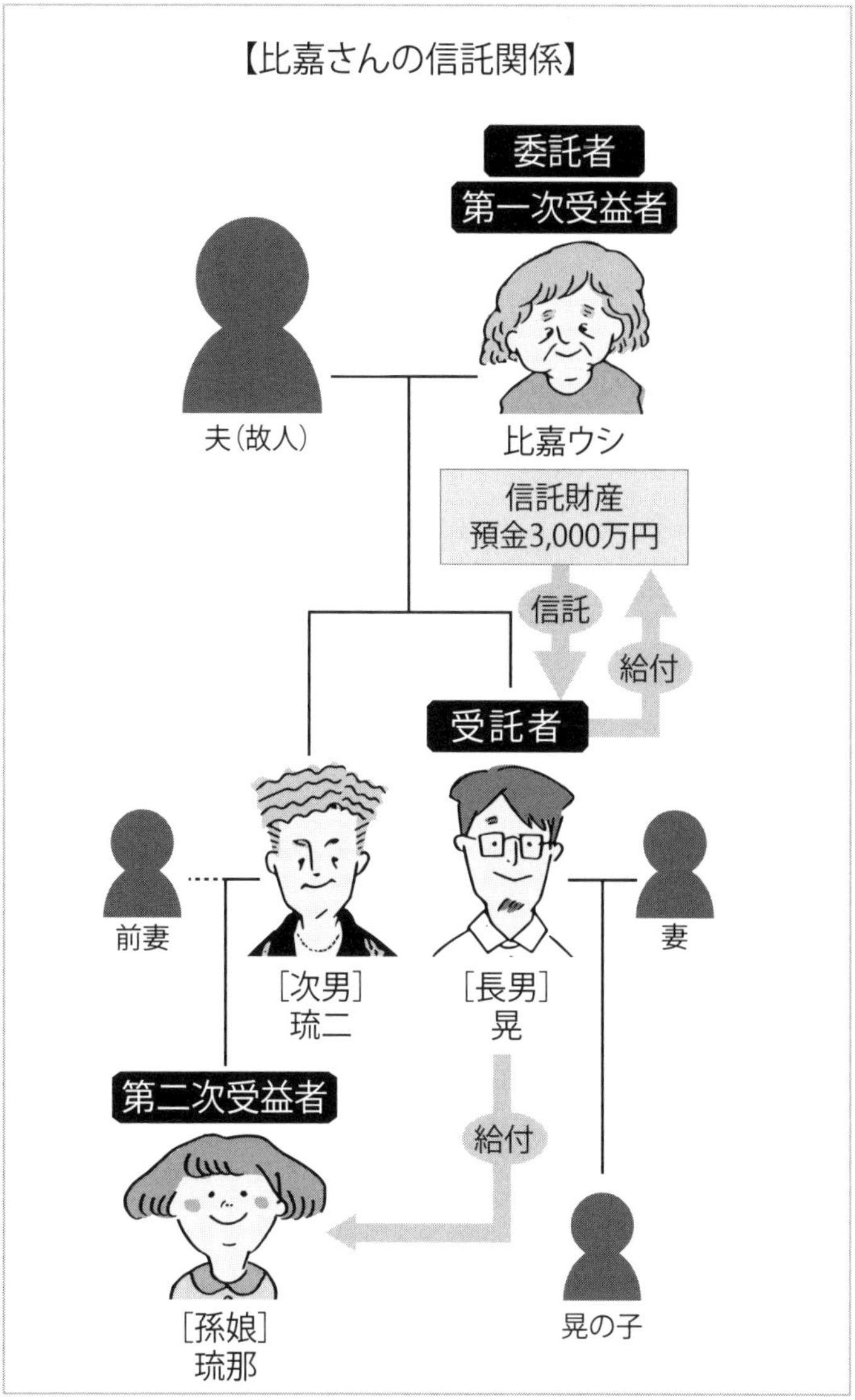
【比嘉さんの信託関係】
委託者
第一次受益者
夫（故人）
比嘉ウシ
信託財産
預金3,000万円
信託
給付
受託者
前妻
［次男］
琉二
［長男］
晃
妻
第二次受益者
給付
［孫娘］
琉那
晃の子

## 信託スキームをつくる

この事例においては受益者である孫娘・琉那はまだ６歳なので、信託スキーム構築に参加するというわけにもいきません。ですので委託者ウシが受託者である長男・晃の協力を仰ぎながら、２人で最良のスキームの信託契約を作り上げていくことになります。

今回の事例における信託スキームは次のとおりです。

1・委託者の設定　………ウシとする
2・受託者の設定　………長男・晃とする（晃の了解を得る）
3・受益者の設定　………ウシとする（ウシ死亡後は孫娘・琉那とする）
4・信託財産の設定　……預金３０００万円とする
5・受託者報酬の設定　…有償無償の別、有償であれば金額の決定
6・信託財産の口座開設　信託財産である預金３０００万円について金融機関で信託口口座を開設し、その口座に預金を振替

7・信託財産の管理　……受託者・晃が信託財産（預金3000万円）の管理を開始し、第一受益者であるウシに対して孫娘・琉那の生活費・教育費相当額を給付する。ウシ死亡後は第二次受益者である孫娘・琉那に生活費・教育費を給付、または直接教育機関に支払う

8・信託期間　…………孫娘・琉那が大学卒業相当の22歳に達するまで、大学在学中であれば卒業時までとする

9・残余財産の受益者　…信託期間終了時において信託財産（預金3000万円）の残額がある場合は、その残額は孫娘・琉那が受益するものとする

信託スキームをこのように構築することにより、孫娘・琉那は22歳等に達するまでの生活費・教育費を、ウシの生前はウシから受け取れます。ウシ死亡後は受託者である長男・晃を通して、信託財産である預金の残額から受け取ることができます。

このスキームで孫娘・琉那への給付が確実に実行されることになり、ウシが危惧していた

ように、次男・琉二に横取りされるようなことも防げるでしょう。

## 教育資金一括贈与の非課税措置

教育資金に関しては、税制面において非課税となる制度も設けられています。それは直系尊属から「教育資金の一括贈与に係る贈与税非課税措置」というものです。

今回の事例にこの措置を当てはめれば、祖母であるウシより孫娘・琉那に対し教育資金を一括で贈与した場合は、1500万円までの贈与額に対する贈与税が非課税となる、ということになります。

1500万円の贈与が非課税となるとすれば、366万円〈1500万円－110万円〉×0・4－190万円・143ページ【贈与税率表】参照）もの贈与税が節税になります。

この制度を利用する場合には、次のように数点のネックがありますが、これらさえクリアできるのであれば、検討する価値はあるでしょう。

・贈与者は父母や祖父母などの「直系尊属」に限る
・信託銀行等の金融機関との契約および申告書の提出が必要
・1500万円を超える額については贈与税が課される
・教育費の対象が、入学金・授業料など一定範囲に制限される
・30歳までに使いきれなかった残額については贈与税が課される
・一定期間ごとに期限延長されるか廃止されるかの検討がなされる

## 課税関係を確認する

この事例の信託では、信託設定時点で信託財産である預金3000万円の名義が、委託者ウシから受託者である長男・晃に変更されたり、信託期間の当初はウシが受益したり、ウシ死亡後は孫娘・琉那が受益したり、信託期間終了時には残余財産が孫娘・琉那に移管されたりします。

ではそれぞれの状況下において、課税関係はいったいどうなるのでしょうか。

順番に見ていきましょう。

〔信託設定時〕

信託設定の時点においては、委託者・ウシの預金３０００万円が、受託者である長男・晃の名義に移管されます。

一見すると長男・晃がウシより贈与を受けたようにも見えますが、長男・晃は受託者としてウシより預金３０００万円を信託財産としていわば預かっているにすぎないので、長男・晃に贈与税はかかりません。

〔信託期間中〕

当初の信託期間において、第一次受益者であるウシが受託者である長男・晃から受ける給付については、贈与税はかかりません。

その理由は、委託者と受益者をともにウシと設定しているので、実質的に利益を享受する人はウシであることに変動ないからです。

ウシがその中から、孫娘・琉那に対して必要な生活費・教育費を渡すことについても、琉那に贈与税はかかりません。

その理由は、父母や祖父母のような扶養義務者から生活費・教育費に充てるために贈与を受けた財産のうち通常必要と認められるものについては、税務上贈与税が非課税とされているからです。

また信託期間においてウシが死亡した場合は、第二次受益者である孫娘・琉那がその時点の残余財産の遺贈《いぞう》を受けたものとみなされ**相続税**の課税対象となります。

ただしウシが被相続人である場合の相続税の基礎控除額は4200万円（3000万円＋600万円×2人）であり、残余財産額の方が確実に少なくなるので、相続税を納付する必要はありません。

〔信託終了時〕

信託が終了した時点において、信託財産である預金3000万円のうち残余額があった場合は、信託スキームに従い孫娘・琉那が受益することになります。

この時点ですでにウシが死亡していた場合は、死亡時に相続税の処理（納付不要）が終了していますので、孫娘・琉那に対して何ら新たな課税はありません。

信託が終了した時点において、もしウシが生存中であった場合は、残余財産の贈与を受けた孫娘・琉那に対して贈与税がかかります。

この場合、仮に残余額が２５００万円であったとすると、琉那はこれをウシより贈与を受けることになるので８１０・５万円〈（２５００万円－１１０万円）×45％－２６５万円〉もの大きな贈与税を支払う必要が生じます。

しかしこれについては、贈与税の課税を回避する有効な節税アイテムがあります。それは**相続時精算課税制度**というアイテムです。

この制度の非課税枠は贈与者ごとに２５００万円ずつあるので、これを使えば贈与税は０円（２５００万円－２５００万円＝０円）となります。

## 贈与税の税率

相続対策を検討する際に重要な要素となるのが**「贈与税」**です。

贈与は贈与であり、相続とは別ものであるはずなのに、なぜ贈与税が相続対策の重要な要素となるのかと不思議に感じるかも知れませんね。

理由は、贈与税率が低いポイントを見極めて贈与したり、贈与税が非課税となるアイテムを利用して贈与したりすることで、相続財産を劇的に減少させることが可能になるからです。

税法において、贈与税は**「相続税の補完税」**と位置づけられています。

「補完」とは「不備を補う」という意味です。もし相続税しか存在しなければ、財産を家族などに移転することで簡単に相続税逃れができてしまいます。この不備を補う意味で、贈与税が存在するのです。

贈与税の税率を相続税の税率より高くしておけば、わざわざ高い贈与税を払ってまで相続でなく贈与をしようとは誰も思わないでしょう。その結果、相続に回る遺産が増加するので、自動的に相続税の課税効率がアップすることになるのです。

実際に贈与税率は相続税率よりもかなり高く設定されており、たとえば課税価格が５０００万円のラインで比較してみると、相続税率が20％であるのに対して、贈与税率は55％と2倍以上の開きがあります。

また、以前の贈与税率は一系統だけで単純だったのですが、現在は父母や祖父母から子や孫に対する贈与に係る税率（特例税率）と、それ以外の贈与に係る税率（一般税率）との二系統に分類されています。

左の【贈与税の税率表】でもお分かりのように、課税価格が３００万円を超える区分で、特例税率の方が一般税率より低く設定されています。

なお混乱しがちな部分ではあるのですが、表の左欄の課税価格は贈与額そのものではなく、贈与額から基礎控除額である１１０万円を控除した金額となります。

これらの贈与税の仕組みをいかに逆手にとって、連係プレーで相続財産を減らせるかが、推定被相続人と推定相続人の腕の見せ所となります。

【贈与税の税率表】

| | 一般税率 | | 特例税率 | |
|---|---|---|---|---|
| 課税価格 | 税率 | 控除額 | 税率 | 控除額 |
| 200万円以下 | 10% | ー | 10% | ー |
| ～300万円 | 15% | 10万円 | 15% | 10万円 |
| ～400万円 | 20% | 25万円 | 15% | 10万円 |
| ～600万円 | 30% | 65万円 | 20% | 30万円 |
| ～1,000万円 | 40% | 125万円 | 30% | 90万円 |
| ～1,500万円 | 45% | 175万円 | 40% | 190万円 |
| ～3,000万円 | 50% | 250万円 | 45% | 265万円 |
| ～4,500万円 | 55% | 400万円 | 50% | 415万円 |
| 4,500万円超 | 55% | 400万円 | 55% | 640万円 |

〔計算例〕

一般税率で贈与額が 1,000 万円の場合の贈与税

（1,000 万円－110 万円）×40%－125 万円＝231 万円

↓

税額… 231 万円

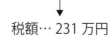

第４節
# 相続人がいないケースはどうすればいいか

## 相続する人がいない世帯が増えている

かつての日本は戦後ベビーブーム世代に象徴されるように、１人の女性が生涯に産む子供の数を示す「合計特殊出生率」が最高で４・３２という、今ではとても考えられない高い数値を示していました。

その後この合計特殊出生率は低下の一途をたどり、２０２０年においてはついに１・３４という、以前の三分の一以下の数値に下がってしまいました（厚生労働省の調査より）。

この現象は生涯未婚者の増加や、子供を持たない夫婦世帯の増加などが要因となっています。その影響として、子供がいない、すなわち**相続人のいない世帯**が増加し続けているのでしょう。

相続についてさまざまな検討をする場合、当然ですが相続人がいることがまずは大前提となります。ということは、相続人がいなければ相続について検討すること自体無意味だ、という結論にまで飛躍してしまいます。

もちろん父母や祖父母なども相続人にはなり得ますが、相続発生時には年齢的にすでに亡くなっている可能性が高いでしょう。そのほか兄弟姉妹なども相続人にはなり得ますが、とくに配偶者などからすれば他人に近い感覚の人々に相続財産を分け与えるのは抵抗があるようです。

いずれにせよ、相続人のいない相続が今後増加することは間違いありませんから、このようなケースの対策も重要化してくるでしょう。

では次の事例で、この**「相続人なき問題」**のケースを見ていきましょう。

■事例〈信託―4〉

# お世話になった近所の人に遺産を渡したい

越智悦子

越智《おち》悦子（76歳・無職）は10年前に夫を病気で亡くしてからは、愛媛県松山市内の賃貸マンションで一人住まいをしている。夫との間に子供はいなかった。

マンションは築30年の6階建てでそれほど新しくはないが、夏目漱石の『坊ちゃん』で有名な道後温泉にほど近く、部屋は最上階にあり松山城を眺めることもできるので、とても気に入っている。

隣室には主婦の浅海《あさうみ》理恵（38歳・専業主婦）と夫の聡（40歳・会社員）の夫婦2人で住んでいる。浅海夫妻は車でスーパーへの買い物の際には悦子を誘ってくれたり、手が空いていれば病院への送り迎えも手伝ってくれたりと、日頃からなにかと気にかけ親切に接してくれている。家族のいない悦子は浅海夫妻に感謝するとともに、わが子

のようにさえも思っている。
　そんな悦子も70代半ばとなり、最近では足腰を中心に体力の衰えを感じ徐々に気弱にもなってきている。さらに相続人がいない自分が死んだあとは、自分の財産はすべて国に召し上げられてしまうらしい、ということを最近知人から聞き、一種の焦燥感にかられている。
　そこで相続人のいない悦子は、自分が死んだあと全財産を国に取られてしまうくらいなら、自分の身の回りの世話を今までどおり浅海夫妻に手伝ってもらう代わりに、全財産を浅海夫妻に受け取ってもらえたらと思っている。
　このような自分の希望を、信託という方法を利用して、形にすることができないものかと悦子は最近思案している。

## 相続関係図を用意する

次の図は、悦子を被相続人と推定した場合の相続関係図です。

【越智さんの相続関係図】

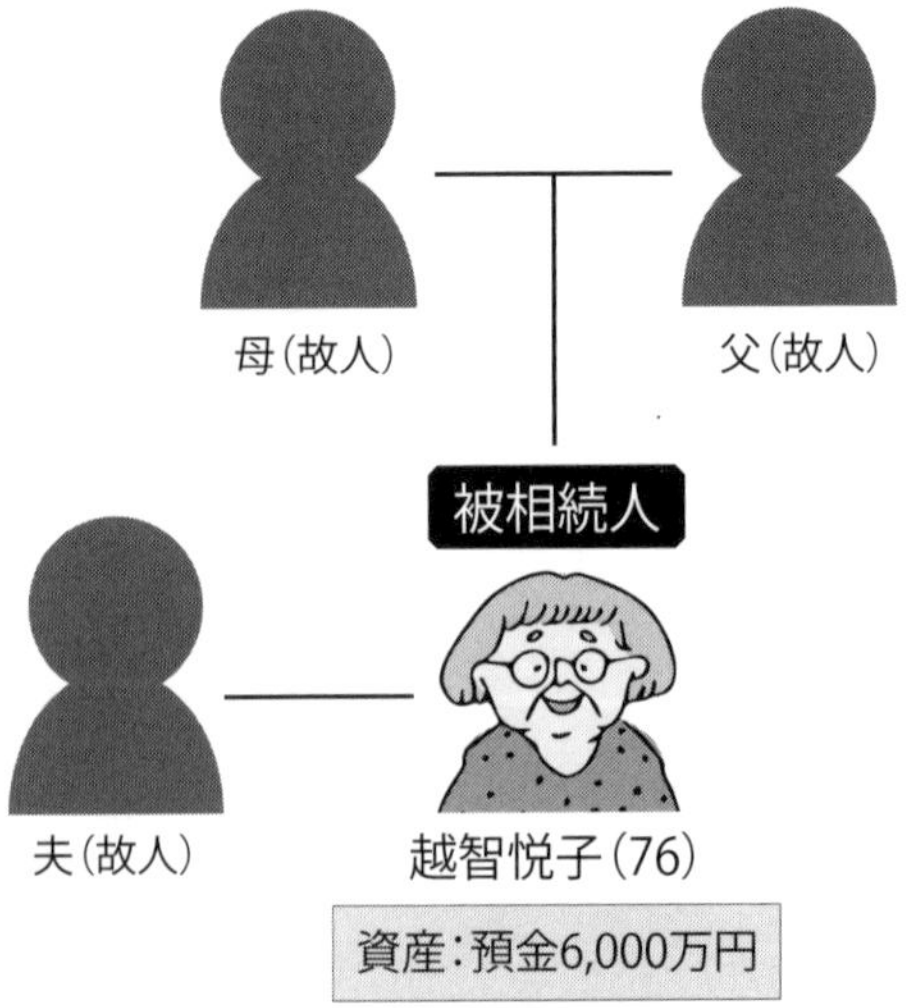

## 信託三当事者を設定する

今回の事例でも4種類の信託「信託契約」「遺言代用信託」「遺言信託」「自己信託」のうち、**信託契約**を使います。

また信託設定時における三当事者は、次のようにします。

・委託者…悦子
・受託者…隣人・聡
・受益者…悦子

そのうえで悦子所有の預金6000万円を信託財産と設定し、悦子が信託財産から受託者・聡を通して給付を受けるようにします。

その後悦子が死亡し相続が発生した時点において、残余の信託財産の帰属者を浅海理恵となるよう信託契約を設定しておきます。

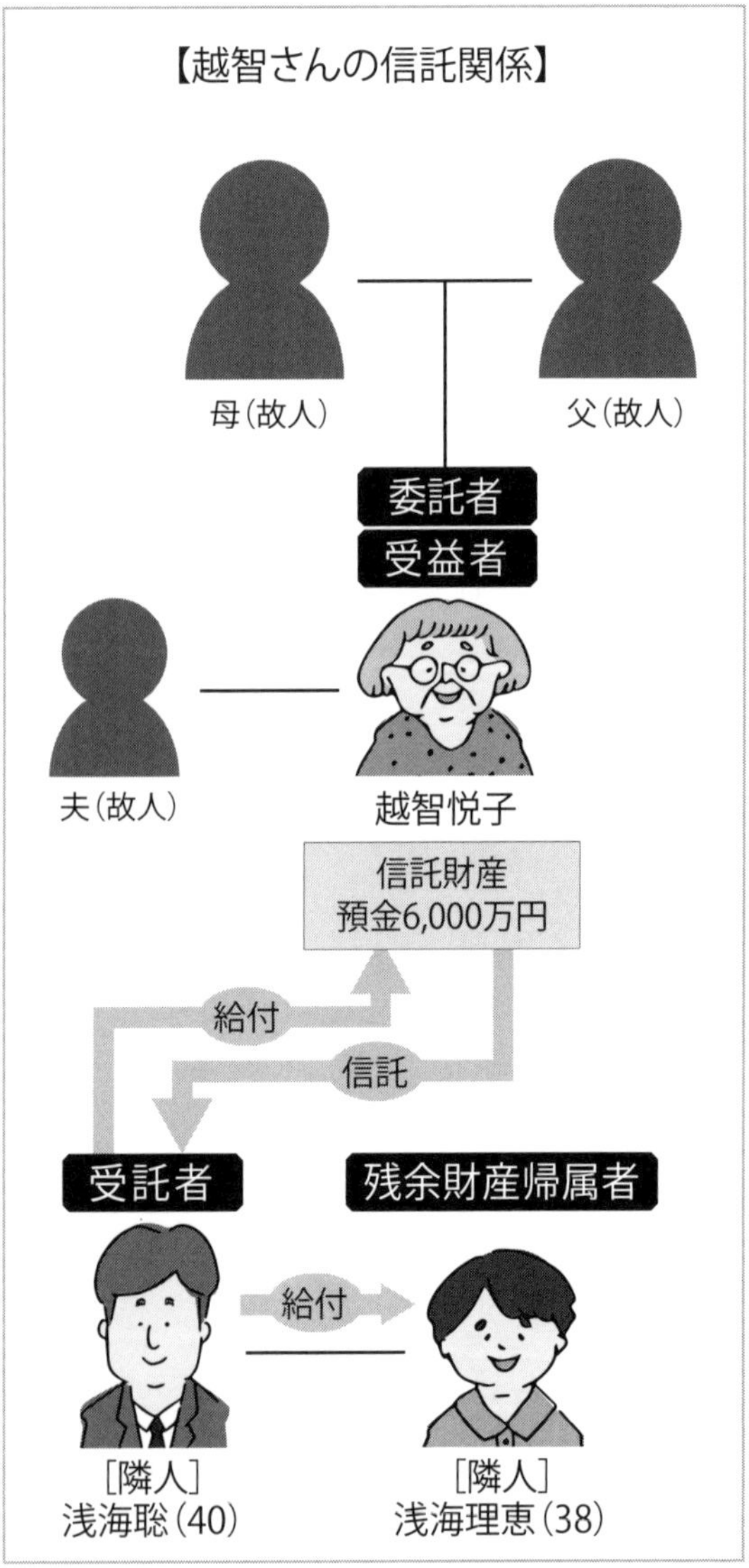
【越智さんの信託関係】
母（故人）
父（故人）
委託者
受益者
夫（故人）
越智悦子
信託財産
預金6,000万円
給付
信託
受託者
残余財産帰属者
給付
［隣人］
浅海聡（40）
［隣人］
浅海理恵（38）

## 信託スキームをつくる

この事例における信託スキームは次のとおりです。

1・委託者の設定　……悦子とする
2・受託者の設定　……隣人・浅海聡とする（聡の了解を得る）
3・受益者の設定　……悦子とする
4・信託財産の設定　……預金6000万円とする
5・受託者報酬の設定　…有償無償の別、有償であれば金額の決定
6・信託財産の口座開設　信託財産である預金6000万円について金融機関で信託口口座を開設し、その口座に預金を振替
7・信託財産の管理　……信託財産の中から受託者・浅海聡が悦子に給付
8・信託期間　……………悦子が死亡した時までとする
9・残余財産の帰属　……信託終了時の残余の信託財産は浅海理恵に帰属する

信託スキームをこのように構築することにより、悦子が高齢化等により体力が低下していったとしても、引き続き隣人である浅海夫妻の世話を受けられます。さらに、体力が低下したり認知症になったりして、一人暮らしが困難となり介護施設に入ったとしても、その施設への支払い等の手続きは、信託契約に基づき聡が行ってくれます。

浅海夫妻としても悦子の死亡時には、その時点で残っていた残余財産を残余財産の帰属者である理恵がもらえるわけですから、人徳のなせるわざとはいえ宝くじに当たったような感覚にもなるはずで、わざわざ断る理由もないでしょう。

すなわち、この信託スキームを確実に実行することにより、今回の信託に関わった悦子、浅海理恵、聡の３人すべての将来は薔薇色になったとも言えるのです。

## 課税関係を確認する

この事例の信託では、信託設定時点で信託財産である預金６０００万円の名義が、委託者・悦子から受託者・聡に変更されたり、委託者・悦子の相続発生時には残余財産の帰属が理恵になったりします。

では課税関係はどうなるのでしょうか。

〔信託設定時〕

この時点においては、信託財産である預金６０００万円の名義が委託者・悦子から受託者・聡に変更されます。しかし、委託者と受益者をともに悦子と設定しているので、実質的に利益を享受する人は悦子であることに変動はありません。

すなわち税務上は、悦子から聡に対する名義の変動はなかったものとみなされます。よって聡に対する贈与税の課税は発生しないこととなります。

〔相続発生時〕

悦子が死亡した時点においては、残余財産が理恵に帰属することになります。つまり税務上では、その時点における信託財産の残余額を、悦子から理恵が相続の一種である**遺贈**により取得することになるので、理恵に**相続税**がかかります。

１５５ページの計算では、信託開始から約10年後に相続が発生し、預金の残余額は

４０００万円に減少していたと仮定しています。

相続税の計算上は今回の理恵のように、法定相続人以外の者が遺贈により遺産を取得した場合は、本来の税額である１００万円に**２割を加算**した相続税額１２０万円を支払うことになります。

なお今回の事例ではさらなる節税策として、**養子縁組**というアイテムを使って浅海理恵と聡を悦子の養子にすることにより、相続税を完全に非課税とすることもできます。

ただ今回の事例では、わざわざそのアイテムを使わなくても納付税額が１２０万円とさほど大きくもないので、素直に納税するという形で税額シミュレーションを行ってみました。

## 相続税率

税務面における相続対策を検討する場合には、常に「相続税率」を横にらみしながら作業を進める必要があります。その理由は遺産総額が大きくなるほど相続税率は高くなり、逆に

小さくなるほど相続税率は低くなるからです。［ポイント1］

さらにわが国の相続税計算の特殊性でもあるのですが、相続税率は遺産総額に単純に乗ずるわけではありません。

まずは、遺産総額から基礎控除額を控除した残額を算出します。次に、その残額を法定相続分で分割した取得額を算出します。そしてようやく、その分割した取得額に相続税率を乗ずるという段取りとなります。

つまり相続人が多くなるほど、分割した取得額は遺産総額

**【越智さんの相続税額の計算】**

| | |
|---|---|
| 遺産総額 | 預金 4,000万円 …① |
| 基礎控除 | 3,000万円＋600万円× 0 人※＝ 3,000万円 …② |
| | ※浅海理恵は非法定相続人のため |
| | ①4,000万円－②3,000万円=1,000万円…③ |
| 仮税額 | ③1,000万円×15%－50万円＝100万円…④ |
| 2割加算額 | ④100万円×20%＝20万円…⑤ |
| 課税価格 | ④100万円＋⑤20万円＝ 120万円 |

**相続税額　120万円**

に対して小さくなるので、相続税率も低くなります。［ポイント２］

説明が少々くどくなってしまいましたが、いずれにしても相続税節税の巧拙は２つのポイントにおいて、１ランクでも低めの税率を適用できるように対処することです。

［ポイント１］遺産総額が大きくなるほど相続税率は高くなり、逆に小さくなるほど相続税率は低くなる
［ポイント２］相続人が多くなるほど、分割した取得額は遺産総額に対して小さくなり、相続税率も低くなる

では次の【相続税の税率表】で、どれくらいの取得額で相続税率がどの程度になるのかを、おおまかなイメージで確認してみてください。

【相続税の税率表】

| 法定相続分に応ずる取得額 | 税率 | 控除額 |
|---|---|---|
| 1,000万円以下 | 10% | ― |
| 3,000万円以下 | 15% | 50万円 |
| 5,000万円以下 | 20% | 200万円 |
| 1億円以下 | 30% | 700万円 |
| 2億円以下 | 40% | 1,700万円 |
| 3億円以下 | 45% | 2,700万円 |
| 6億円以下 | 50% | 4,200万円 |
| 6億円超 | 55% | 7,200万円 |

〔計算例〕

法定相続分に応ずる取得額が4,000万円の場合の相続税

4,000万円×20%－200万円＝600万円

↓

税額… 600万円

# 第５節 ペットに相続させるケース

## ペットが先か、自分が先か

　ペットといえば小鳥や熱帯魚や爬虫類などもいますが、まずはメジャーなもので犬や猫が思い当たりますね。

　現在わが国で飼われている犬や猫の数はそれぞれ約１０００万匹、合計約２０００万匹であり、15歳未満の子供の数約１５００万人をかなり上回っています。

　自宅の庭や縁の下などで飼われていたかつての飼育環境とは異なり、現在のペット達はそのほとんどが室内で飼われています。このような環境変化にともない、飼い主にとってペットは家族同然になっています。

ペットを溺愛《できあい》する奥様方の中には、飼い犬や飼い猫のことを、他人が「そのペット」や「その犬」「その猫」などと呼ぶことにさえ憤慨する方が多くいるようです。何を隠そう筆者の妻などもそのたぐいです。

関与先の中にも「この子（プードル・メス・5歳）が死んだら、わしと同じ墓に入れてくれ！」などと家族に懇願する方（80代・男性）もいます。

わが国のペット事情はおおよそこのような状況ですから、高齢の飼い主の中には自分の遺産を、できることなら我が子よりもかわいい愛犬や愛猫たちに相続させたいと考える方々も多くいるようです。

もちろん現在の法律では、ペットを相続人にして遺産を相続させることなどできません。しかし信託を利用することによって、ペットを相続人にするのと同様の効果を持たせることは可能なのです。

では次の事例で、いかにしてペットを疑似《ぎじ》相続人として処理するのか、その方法を見ていきましょう。

■事例〈信託―５〉

## 自分の死後、ペットのために遺産を使ってほしい

長岡隆（72歳）は埼玉県熊谷市の市役所に長年勤務し、60歳の定年後も再任用を受け、64歳をもって退職した。その後はいわゆる悠々自適の年金生活を送っている。

新潟県の山深い地区出身の隆は、大学進学のため東京で４年間暮らし、その後は熊谷市の公務員採用試験に受かり、勤務先の市役所にほど近い賃貸マンションで暮らしてきた。いわゆる「Ｊターン組」である。

もともと若い頃から結婚願望自体は持ち合わせておらず、また大の犬好きということも手伝ってか、生涯独身を通してきた。

これまで代々、約５匹の犬を飼ってきたが、３年ほど前に70代に入った頃、自分の

余命を考慮すれば次のパートナーが最後の1匹になると思いつつ、なじみのペットショップに顔を出してみた。

そこで目が合ってしまった生後1ヵ月で、茶色のウェーブヘアーのミニチュアダックスフント（ダックス犬・メス）を一目で気に入り、その場で人生最後のパートナーに迎えることを決めた。

その後は最愛のダックスと幸せに暮らしていたが、半年ほど前からなかなか疲労が取れない感じがして近くの病院に行ったところ、腎臓病のステージ3と診断された。

また今後の経過次第では、人工透析も治療の選択肢に入ってくるとも告げられた。

その診断を聞いてからは、隆は自分の体よりも愛犬のことの方が気になりだした。

もし自分が死んだら愛犬は保健所へ送られ殺処分になってしまうのか、などと寝ても覚めても愛犬の行く末ばかりを考えるようになったのである。

悩み抜いた末、以前から所属しているドッグサークルの気心の知れた仲間で、愛犬ダックスのことも日頃から可愛がってくれる行田《ぎょうだ》直樹（48歳）に、自分に何かあった際は愛犬の面倒をみてもらいたいと望むようになってきた。

行田直樹は隆と同じく独身で、愛犬のフレンチブルドッグをこよなく愛する優しい人柄の男性である。

また信託を利用する場合は誰かに受託者となってもらう必要があると聞き、その際は故郷の新潟県内に住んでいて、昔から仲の良い母方のいとこである湯沢勉（58歳）にお願いしようと考えている。

## 相続関係図を用意する

次の図は、隆を被相続人と推定した場合の相続関係図です。

【長岡さんの相続関係図】

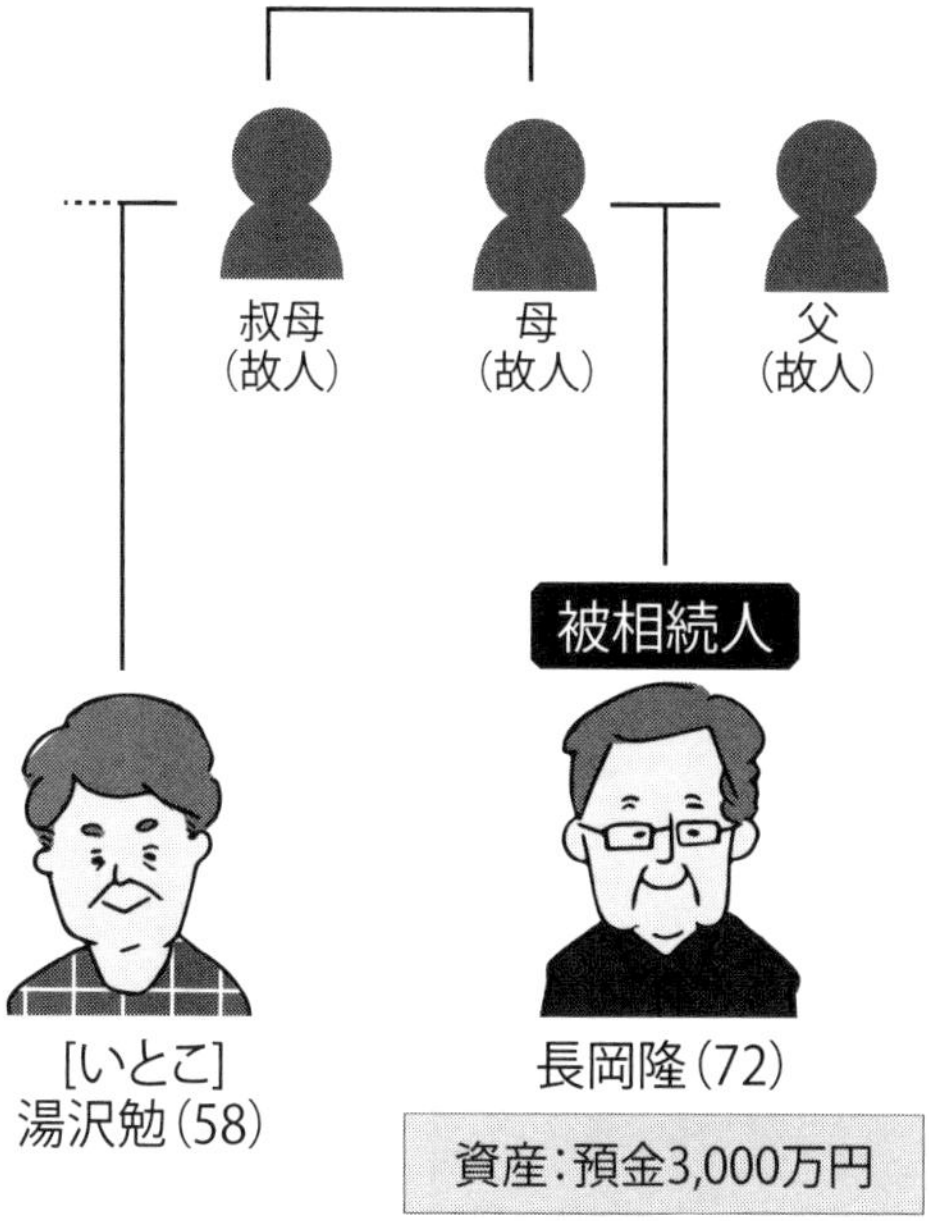

## 信託三当事者を設定する

今回の事例でも４種類の信託「信託契約」「遺言代用信託」「遺言信託」「自己信託」のうち、**信託契約**を使います。

また信託設定時における三当事者は、次のようにします。

・委託者…長岡隆
・受託者…湯沢勉
・受益者…長岡隆

そのうえで隆所有の預金３０００万円と愛犬ダックスを信託財産と設定し、設定当初は隆が信託財産から受託者・湯沢勉を通して給付を受けるようにします。

その後隆が死亡し相続が発生した時点において、受益者を隆から行田直樹に転換するよう信託契約を設定しておきます。

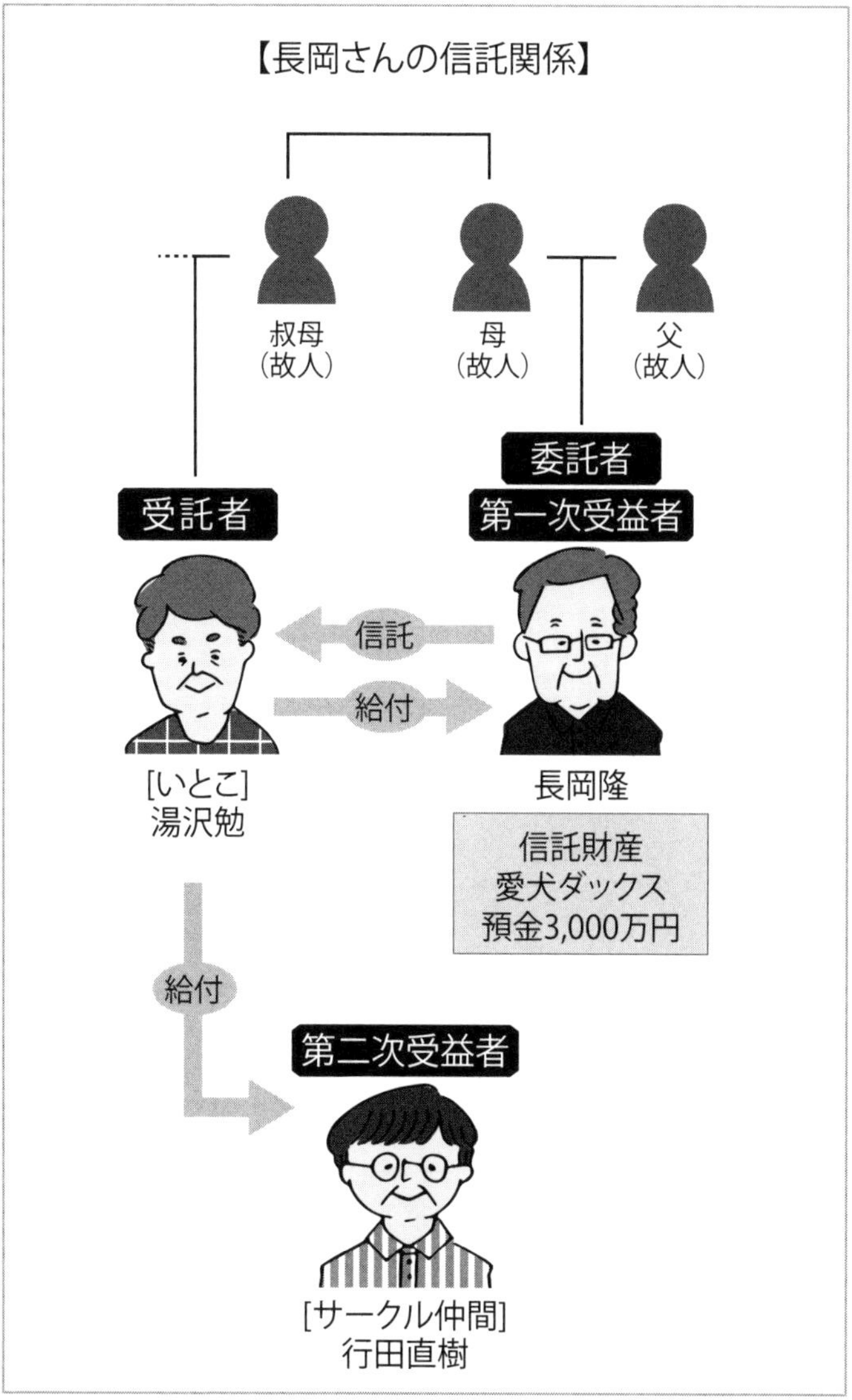
【長岡さんの信託関係】
叔母
（故人）
母
（故人）
父
（故人）
委託者
第一次受益者
受託者
信託
給付
[いとこ]
湯沢勉
長岡隆
信託財産
愛犬ダックス
預金3,000万円
給付
第二次受益者
[サークル仲間]
行田直樹

## 信託スキームをつくる

この事例における信託スキームは次のとおりです。

1・委託者の設定　………隆とする
2・受託者の設定　………いとこの湯沢勉とする（勉の了解を得る）
3・受益者の設定　………当初は隆、死亡後は行田直樹とする（直樹の了解を得る）
4・信託財産の設定　……預金3000万円とダックス犬とする
5・受託者報酬の設定　…有償無償の別、有償であれば金額の決定
6・信託財産の口座開設　信託財産である預金3000万円について金融機関で信託口口座を開設し、その口座に預金を振替
7・信託財産の管理　……ダックス犬を飼育する権利と飼育に要する費用を信託財産の中から受託者・勉が隆に給付、隆死亡後は直樹に給付
8・信託期間　…………ダックス犬の死亡時までとする

9・残余財産受益者　……信託終了時において隆が生存中の場合は隆が受益、隆が死亡していた場合は行田直樹が受益するものとする

信託スキームをこのように構築することにより、隆は安心して愛犬ダックスと老後生活を送ることができます。

隆が病気等で死亡したとしても、行田直樹が信託契約に基づいて引き続き愛犬の世話をしてくれるので、隆は安心して天寿をまっとうできます。

もし隆が認知症等で介護施設に入った場合などでも、行田直樹が愛犬ダックスの世話を続けてくれるように、信託契約の中に盛り込んでおけばいいでしょう。

行田直樹は隆の愛犬ダックスのことも自分の飼い犬同様可愛がってくれており、気心の知れたサークル仲間である隆の頼みでもあるので、信託の依頼を断る可能性は低いと思われます。

また、預金というそれなりの持参金が付いてくることを考えれば、悪くない話だと思うに

違いありません。

湯沢勉としてはいとこの依頼でもあるので、ボランティア精神で受託者を引き受けてもいいと考えるでしょう。

さらに、多少の受託者報酬も得られるとなれば、なおのこと引き受ける際の心理的ハードルは下がると思われます。

## 信託監督人

信託をなす場合、通常「委託者」「受託者」「受益者」という三当事者さえいれば、契約は成立します。

ただ個々の信託においては、これら三当事者以外に**「信託監督人」「受益者代理人」「信託管理人」「指図権者」**などの設定が必要になることもあります。

なんだか少々話が込み入ってきましたね。

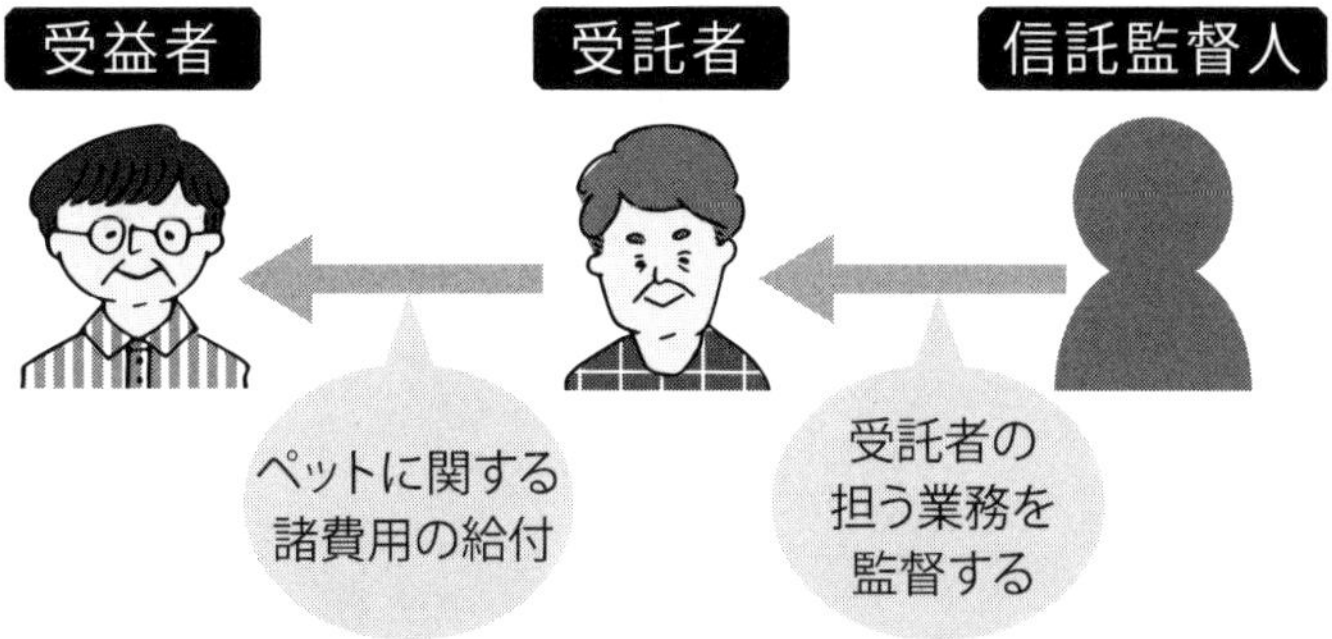


これらの詳細な説明は他に譲るとして、今回の事例ではこのうち**「信託監督人」**を設定しておくことも考えられます。

信託監督人は、受益者が受託者の監督を適切に行うことができない場合に、あらかじめ契約に含めておくことにより指定できます。定めがない場合等は、利害関係人の申し立てにより裁判所が選任できます。

指定や選任される者としては、家族や親族のほか司法書士、税理士、弁護士などとなるでしょう。

例えば受託者・湯沢勉が、受益者・行田直樹に対し、ダックス犬の飼育に必要なエサ代、トリミング代、予防注射、フィラリア薬、ペット保険料等の諸費用の支払いを適切に行わない場合も考えられます。

直樹にとっては、赤の他人であり居住地も離れている受託者・湯沢勉に対して、直接的にこれらの諸費用を請求することは難しい面があります。

このような場合に、選任された信託監督人が受託者として湯沢勉の担う業務を監督することで、受益者・直樹に対する諸費用の支払いなどに実効性を持たせることができます。

## 課税関係を確認する

この事例の信託では、信託設定時点で信託財産である預金３０００万円の名義が、委託者・隆から受託者・湯沢勉に変更されたり、委託者・隆の相続発生時に受益者が行田直樹に移転したり、信託終了時には残余財産を行田直樹が受益したりします。

では課税関係はどうなるのでしょうか。

### 〔信託設定時〕

この時点においては、信託財産である預金３０００万円の名義が委託者・隆から受託者・湯沢勉に変更されます。動産であるダックス犬に関しては、とくに名義変更などの手続きは不要です。

信託財産である預金3000万円とダックス犬は、委託者と受益者をともに隆と設定しているので、実質的に利益を享受する人は隆であることに変動はありません。

すなわち税務上は、隆から湯沢勉に対する名義の変動はなかったものとみなされます。よって勉に対する贈与税の課税は発生しないこととなります。

あえて言うなら印紙税法別表第一第12号文書の「信託行為に関する契約書」で、収入印紙を200円分だけ契約書に貼付する義務はあります。

なお、他の信託の事例においても、契約書に200円の収入印紙は必要となります。ただ少額であり、金額的な重要性も低いことから、他の事例での説明は省いています。

〔相続発生時〕

隆が死亡して相続が発生した時点においては、受益者が隆より行田直樹に移転することになります。

税務上ではこの時点における信託財産の残余額を、隆から直樹が遺贈により取得することになるので、直樹に**相続税**がかかります。

なおダックス犬に関しての評価額は僅少と思われますので、相続税額の計算上は度外視しています。

左図の計算では、信託開始から約10年後に相続が発生し、信託財産である預金の残余額は2000万円に減少していたと仮定しています。今回の事例では図のとおり、直樹に相続税はかからない結果となりました。

〔信託終了時〕

(a)ダックス犬が死亡し信託が終了した時点において隆が生存中であった場合は、その時点の信託財産の残余額は隆に戻されることになるので、隆に対して贈与税等の課税は何ら生じません。

(b)ダックス犬が死亡し信託が終了した時点において隆が既に死亡していた場合は、その時点の信託財産の残余額は行田直樹が受益することになります。
ただ隆の相続発生時において、すでにその時点の信託財産の残余額を、直樹が遺贈により取得したものとして相続税が課されているので、信託終了時点において重ねて相続税や贈与税等がかかるようなことはありません。

【長岡さんの相続税額の計算】

| | |
|---|---|
| 遺産総額 | 預金 3,000万円 …① |
| 基礎控除 | 3,000万円 ＋ 600万円×０人※= 3,000万円 …② |
| | ※行田直樹は非法定相続人のため |
| 課税価格 | ① 2,000万円 － ②3,000万円 ＜ 0 |
| | 0×税率0%=0 |

相続税額　0円

# 第6節 数代先まで相続人を指定するケース

## 家の継承は至難のわざ

近年よく耳にするようになってきた言葉に「墓じまい（改葬）」というものがあります。墓じまいをする理由としては、新たに作った墓への移転や合祀《ごうし》施設への移転などがありますが、根本的な原因としてはやはり少子高齢化ということになるでしょう。

以前は夫婦の間に子供が何人もいて、そのうちの誰かが家の後継ぎになると同時に、墓も継承してくれました。それが現代のわが国では、子供がいても１人かせいぜい２人、子供のいない世帯も珍しくありません。

さらに、その少ない子供が女の子の場合、いずれ結婚すれば家を出て姓が変わります。そうなれば当然墓を守る人も途絶え、墓じまいせざるを得なくなってしまいます。

　つまり、お家の継承はついえてしまうのです。

　お家の継承がついえるということは、「家名（名跡《みょうせき》）」が途絶えるということにつながります。どれだけ立派で代々続いた由緒ある家名であっても、いったん途絶えれば永遠に復活はなりません。

　最近では「名家《めいか》」という言葉自体使われる機会が減ってきましたが、それでもその地域で代々受け継がれてきた資産家などの名家では、今でも家の継承に尋常でない努力を惜しみません。

　ということで次の事例では、信託を活用することによって家の継承を可能にする方法を探っていきましょう。

■事例〔信託－６〕

# 代々続いてきた家名を今後も継いでいってもらいたい

八坂知之進《とものしん》（69歳）は「千年の都」とも称される京都府京都市内で、代々個人事業として不動産業を営んでいる。

一口に不動産業といっても仲介、売買、賃貸など、それぞれ得意分野を持つ傾向にあるが、知之進の事業は賃貸専門である。

先祖代々譲り受けた市内一等地にある約十筆の土地を賃貸し、安定した高収入（年間賃貸収入約４０００万円）を確保している。

知之進には息子が２人おり、１人は東京の商社勤務、もう１人は大阪で公務員をしている。どちらも既婚であり、それぞれに娘が１人ずついる。

八坂家はいわゆる名家であり、代々の家訓もある。その家訓とは「代替わりしても八坂の名を絶やさず、土地も分散するべからず」という、昔で言えば「家督相続」のよう

な意味合いのものである。

しかし八坂家も少子高齢化の例に漏れず、男系男子の歴史が途切れる瀬戸際にいる。というのも、男系男子で継承し続けなければ家が途絶えてしまうからである。

知之進の息子2人はいずれも、必要とあれば将来的には現在の仕事をやめ実家の跡を継ぐ意志があると言ってくれている。

ただその子、つまり知之進の孫たちは娘しかおらず、その代で由緒ある八坂の名が途絶える黄色信号が灯っている。息子の代で八坂の名を絶やすことになってはご先祖様に申し訳が立たない、しかしそのタイムリミットは刻々と迫っている、と知之進は焦りを募らせている。

## 相続関係図を用意する

次ページの図は、知之進を被相続人と推定した場合の相続関係図です。

## 信託三当事者を設定する

今回の事例では４種類の信託「信託契約」「遺言代用信託」「遺言信託」「自己信託」のうち、**遺言信託**を使います。

これを使う理由は、知之進はまだ69歳でとくに持病もなく健康であり、この先10年や15年は現役でいられる自信があるためです。

つまり、現在の仕事環境や自分を含めた親族たちの生活環境を、すぐに変えたくはないという知之進の要望に沿ったものなのです。

遺言信託を採用する場合は、知之進の死亡時に信託の効力が発生することになります。

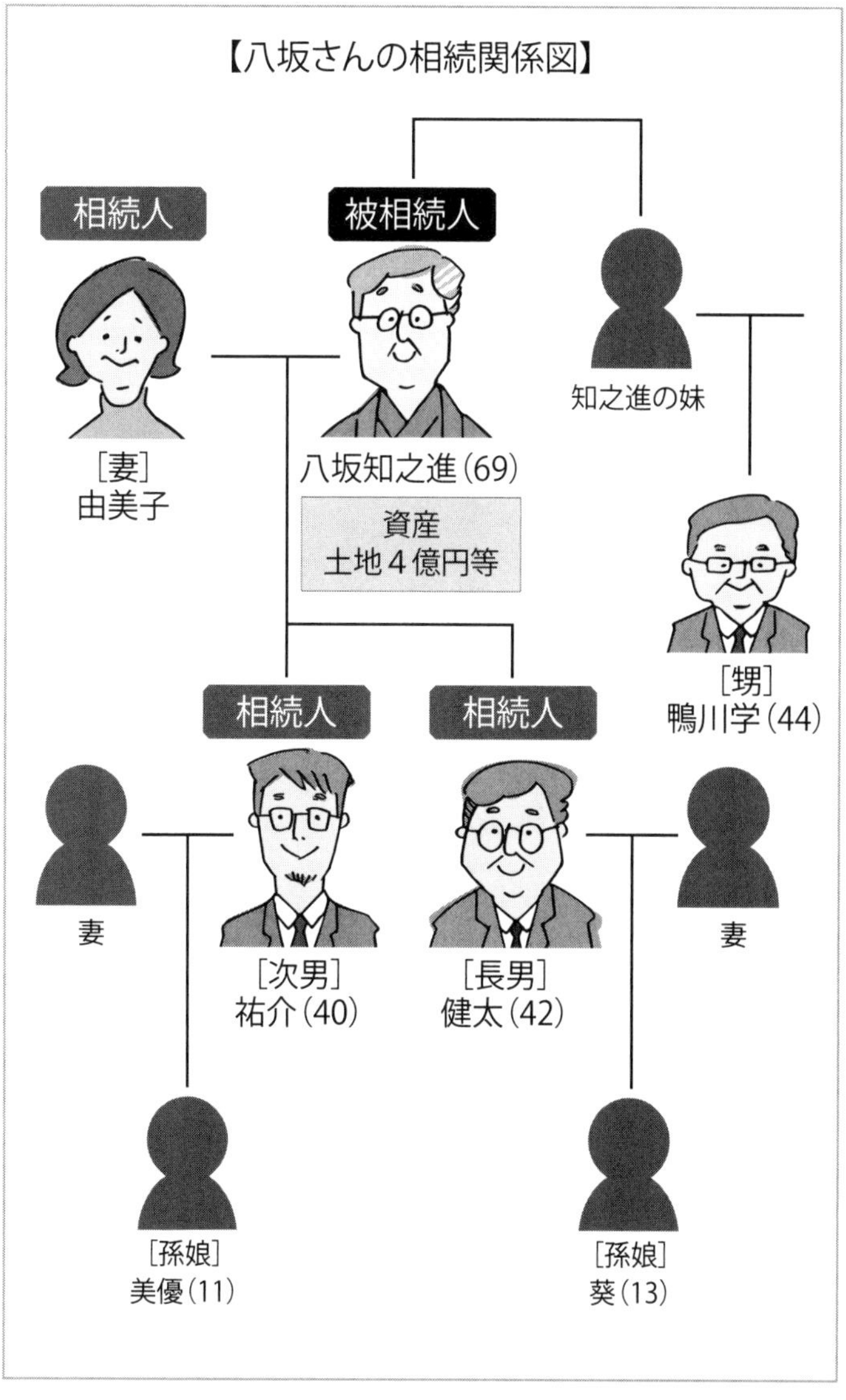
【八坂さんの相続関係図】
相続人
被相続人
知之進の妹
［妻］
由美子
八坂知之進（69）
資産
土地４億円等
［甥］
鴨川学（44）
相続人
相続人
妻
妻
［次男］
祐介（40）
［長男］
健太（42）
［孫娘］
美優（11）
［孫娘］
葵（13）

効力発生時における三当事者は、次のようにします。

・委託者…八坂知之進
・受託者…甥・鴨川学
・受益者…長男・健太

そのうえで、「土地は分散するべからず」という家訓もあることから、知之進所有の土地4億円を信託財産と設定し、知之進の死亡により長男・健太が受益権を獲得することとします。

また、今回の事例で信託を使う第一目的は八坂の名を残すことにあるので、次の**第二次相続**における受益者、すなわち八坂の名を継ぎ土地を相続する後継者も条件つきで指定しておきます。

具体的には、長男・健太に信託設定後あらたに男子が誕生すればその男子が、男子誕生なく孫娘が養子をとり養子縁組をし八坂の姓を名乗ればその養子が、いずれもかなわなければ次男・祐介の系統で同様とします。

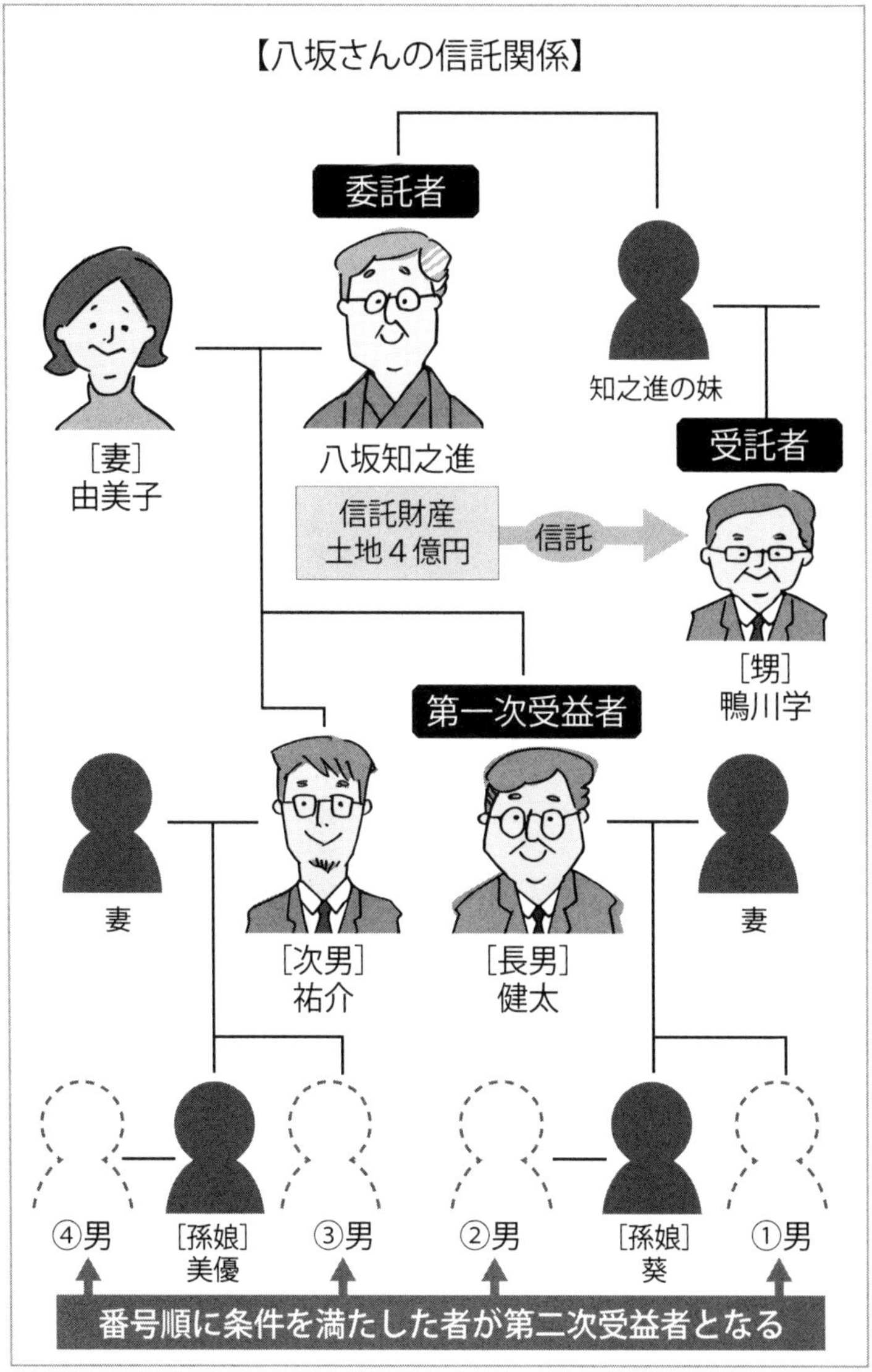
【八坂さんの信託関係】
委託者
知之進の妹
受託者
［妻］
由美子
八坂知之進
信託財産
土地４億円
信託
［甥］
鴨川学
第一次受益者
妻
［次男］
祐介
［長男］
健太
妻
④男
［孫娘］
美優
③男
②男
［孫娘］
葵
①男
番号順に条件を満たした者が第二次受益者となる

このように信託内容を設計することによって、知之進が守るべき家訓「代替わりしても八坂の名を絶やさず、土地も分散するべからず」は当面次の次の代までは少なくとも維持されることになります。

つまり、遺言では一代限りの財産移転の指示しか行えないものを、**信託を活用することによって二代先まで、場合によってはその先の代までも指示通りの財産移転を実現することが可能になる**のです。

## 信託スキームをつくる

この事例における信託スキームは次のとおりです。

〔遺言書作成時〕
1・委託者の予定　………知之進とする
2・受託者の予定　………甥・鴨川学とする（学の了解を得る）
3・受益者の予定　………長男・健太とする（健太の了解を得る）
4・信託財産の予定　……土地4億円とする
5・受託者報酬の予定　…有償無償の別、有償であれば金額の決定

〔効力発生時（知之進死亡時）〕
6・信託財産の登記　……土地について信託の登記、および知之進から受託者・鴨川学への所有権移転登記
7・信託財産の管理　……受託者・鴨川学が信託財産（土地）の管理を開始し、賃貸収入から受益者（当初は第一次受益者長男・健太、死亡後は第二次受益者）に給付を行う

なお、数代先まで相続人を指定する信託スキームにおいては、信託期間が長期にわたるため、その途中で受託者が死亡したり認知症となったりして財産管理の任務を行えなくなることが想定されます。

その時のために予備的な受託者、すなわち**第二次受託者**をあらかじめ設定しておくことなども必要になってきます。

## 養子縁組を利用する

事例に対応する信託スキームを設定した場合、八坂の名は継承されたとしても、直系尊属から子や孫など直系卑属《ひぞく》への継承が途切れてしまう事態が発生する懸念があります。

たとえば事例の相続関係図を例にとると、長男・健太の子として男子が生まれず、娘・葵も結婚し家を出、逆に次男・祐介の子として男子が生まれたケースです。

この事例の相続関係図でいえば、長男・健太からすると後継者が直系ではなく傍系へななめ滑りする形になってしまいます。

あくまで直系での承継にこだわるのであれば、次男・祐介に生まれた男子を長男・健太の子として**養子縁組**すれば、直系での承継は維持されることになります。

また養子縁組の利用は、副次的効果として**節税**にも劇的に寄与します。以前は数十人もと養子縁組するような、行き過ぎた節税が横行した時代もありました。ただ現在ではそれを許した反省から、実子がいない場合は2人まで、実子がいる場合は1人まででしか税務上は養子とすることが認められなくなっています。

## 課税関係を確認する

この事例の信託では、信託の効力発生時、すなわち知之進の死亡時に信託財産である土地4億円の名義が、委託者・知之進から受託者・鴨川学に変更されます。またそれと同時に長男・健太が第一次受益者となります。

その後長男・健太が死亡した時点で、信託内容の条件を満たす八坂の名を継ぐ承継者が第二次受益者となります。

では課税関係はどうなるのでしょうか。

〔遺言書作成時〕

この時点においては単に遺言書が作られただけであり、信託財産の移転等は生じないので、課税は発生しません。

〔信託効力発生時〕

信託の効力が発生するのは知之進の死亡時、すなわち相続発生時となります。この時点では、信託財産である土地４億円を受益者の長男・健太が信託に従い遺贈を受けることになるので、長男・健太に**相続税**が課税されます。

なお遺留分の関係も考慮し、この事例において信託外の財産である預金２億円は次男・祐介が相続することとします。

また受託者・鴨川学に信託財産として土地の名義が変更されますが、実質的に利益を享受するのは受益者である長男・健太なので、相続税、贈与税、譲渡所得税、不動産取得税などは受託者・鴨川学に課されません。

残念ながら、不動産の受託者・鴨川学への名義変更の際に**「登録免許税」**だけは課税となります。ただし、信託にともなう名義変更の際に固定資産税評価額に対して課される税率は、一般的な名義変更にかかる税率の2割程度の0・3～0・4%ほどと低い率に抑えられています。

ただ今回の事例では、土地の評価額次第とはなるのですが、もともと高額な土地なので、160万円前後はかかるのではないかと思われます。

〔第二次相続発生時〕

長男・健太に相続が発生した場合は、次代における「八坂」の名の継承者に相続税が課税されます。

仮に遺贈を受けた土地4億円に価格変動がなく、新たに賃貸収入から預金2億円が蓄積されていたとします。そうすると、相続人が知之進の相続時と同じように3人であった場合は、原則として第一次相続の時と同額の相続税が課されることになります。

なお第一次相続では長男・健太と次男・祐介に、第二次相続では次代の受益者等に相続税が課されます。

左の図は、知之進に相続が発生した場合の、第一次相続の際の相続税をシミュレーションしています。

実務的には、預金部分を他の相続人と分割して相続税を軽減させるなど、詳細な節税策の検討がなされると思われますので、実際の相続税額はいくぶん減少することになるでしょう。

## 【八坂さんの相続税額の計算】

**遺産総額**　6億円…①

| | |
|---|---|
| 預金 | 2億円 |
| 土地 | 4億円 |
| 合計 | 6億円 |

**基礎控除**　3,000万円＋600万円×3人※＝4,800万円…②

※妻・長男・次男

①6億円－②4,800万円＝5億5,200万円…③

**配偶者の相続税**

③5億5,200万円÷2×45％－2,700万円＝9,720万円…④

**子の相続税**

（③5億5,200万円÷4×40％－1,700万円）×2人＝7,640万円…⑤

**相続税合計額**　④9,720万円＋⑤7,640万円＝1億7,360万円

↓

**相続税額　1億7,360万円**

第一次相続、第二次相続とも同様

## 【信託を利用するときの基本プロセス】

1・信託の目的を確認する

2・相続関係図を書く



3・信託三当事者「委託者・受託者・受益者」を決定する

4・信託財産を決定する

5・受託者報酬を決定する

・有償無償の別
・有償であれば金額の決定

6・信託契約書を作成する

7・信託財産の名義を変更する

8・受託者が信託財産の管理を開始する

# 4章

# 遺言と信託の併用によってできること

# 遺言と信託の併用によって可能になること

前章までで「遺言を活用した相続のケース」と「信託を活用した相続のケース」を、それぞれ見てきました。このように分けたのは、最初から両者を併用したケースの説明に入ってしまうと、２つを混同してしまい、理解が進まなくなるおそれがあったからです。

実際に相続が発生した場合に、相続人の遺産が預金だけしかない、あるいは土地だけしかない、というように極端にシンプルなケースはたいへんまれです。

通常は現金あり、預貯金あり、貸付金あり、株式あり、土地あり、建物あり、保険金ありと、**さまざまな種類の財産で遺産全体が構成されています。**

その中で、**遺言は基本的に遺産全体に関わるもの**であるのに対し、**信託は遺産のうちの一部の財産のみを対象とする**ことになります。

左の図でいえば［遺言］は左側の円で、現金をはじめとして、すべての遺産が含まれてい

【遺言＞信託のイメージ】

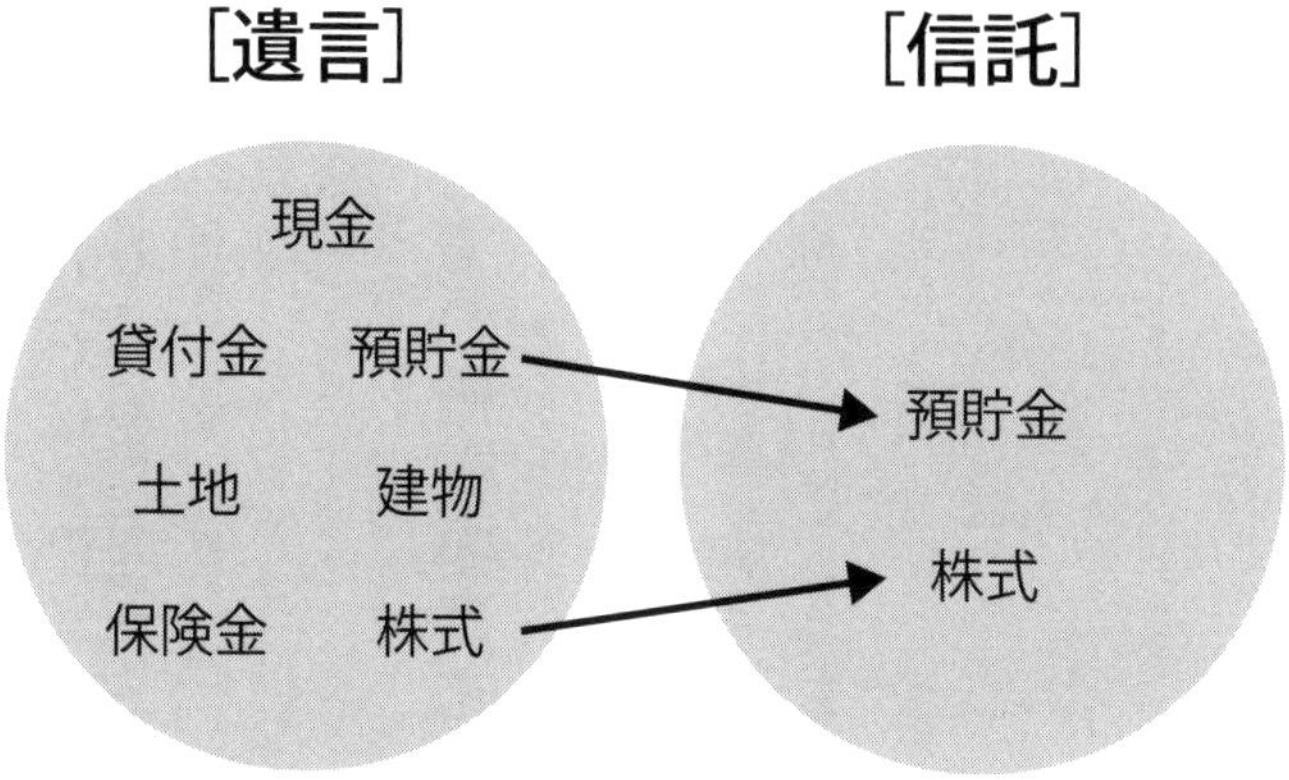


ます。

それに対して［信託］の円では、遺産の内の一部である、預貯金と株式が含まれているにすぎません。

つまり遺産の種類で見れば、**遺言の方が信託よりも多い**ということになります。

またこの図のケースでは、遺言で処理する対象は現金・貸付金・土地・建物・保険金となり、信託で処理する対象は預貯金・株式となります。

すなわち、遺言と信託の両者を併用することによって、遺産の100％をカバーすることができることになるのです。

# 第1節 自社株の承継者を指定する

## 企業経営での最重要資産は何か

企業といえば、一般的には株式会社や有限会社などの法人がその代表格となりますが、これらの企業を経営するうえでもっとも重要な資産は何だと思われるでしょうか。

一口に資産といっても、有形の資産と無形の資産の二種類に大別されます。有形の資産としては預金や売掛金等の債権、土地建物、機械設備などが挙げられます。他方、無形の資産としては、優良な得意先、優秀な社員、優秀な技術、企業の高いブランド価値などが挙げられます。

もちろんこれらの資産はいずれも企業にとって重要なものに違いありませんが、企業経営上もっとも重要な資産はこれらのいずれでもありません。

もっとも重要なものは「その企業の株式」、企業経営者にとってはいわゆる「**自社株**」ということになります。

結局のところ自社株を所有することによって、前出のさまざまな資産すべてを、一段高いところから所有することになるからです。

それほど重要なものであるからこそ、自社株をめぐって、親族間での争い、果ては訴訟になることも珍しくありません。とくに相続が絡めば泥沼化する可能性も高くなってきます。

このような背景もあり、経営者にとっては、自社を分裂、消滅、身売りなどすることなく、後継者にできるだけスムースに自社株を渡し、経営を引き継がせていくことは人生最後の大仕事とも言えます。

では次で、そんな自社株に絡んだ相続について、遺言と信託を併用したケースで見ていきましょう。

■事例〔遺言＋信託―1〕

## 2人の息子のうち、適性のある方に会社を任せたい

加賀正蔵

加賀正蔵《しょうぞう》（67歳）は北陸新幹線が開通し活況に沸く北陸の金沢で、金箔製品の製造と卸小売の会社（社員約30名）を経営している。

会社は加賀百万石の文化を映す日本三名園である兼六園にほど近い丘陵の下にあり、観光客相手の金箔を使用した土産物を製造している。

製品はネット販売するとともに、観光スポットの一つである東山の茶屋街にある自社店舗などでも販売し、売れ行きはいずれも好調である。

会社には、総務担当で専務取締役である長男・翔太（41歳）と、営業担当で常務取締役である次男・雄太（39歳）がいる。

正蔵は年齢的にも人生の区切りである古希（70歳）に近づき、そろそろ後継者に道を

譲り、自分はお飾りとしての会長職にでも退こうかと考えるようになってきた。

ただ正蔵の悩みは後継者選択にある。

長男・翔太は後継者の第一候補ではあるのだが、趣味のオンラインゲームや動画配信サービスに熱心すぎるあまり、朝は遅めの重役出勤、夕方は定時前退社と仕事に対する意欲がまるで感じられないのである。

そうは言っても、いきなり次男・雄太を下剋上的に社長とし長男・翔太をその下に据えるなどすれば、長男・翔太のプライドが傷ついて兄弟げんかとなってしまい、ひいては会社全体に悪影響が及ぶであろうことを懸念している。

また株式所有の面からは、いったん長男・翔太に正蔵所有の自社株を譲ってしまえば、再度正蔵に株を戻したり次男・雄太に譲渡したりすることは無駄に二重課税となってしまうので、税負担上ほぼ不可能だと関与税理士から進言されている。

しかし正蔵としては虫のいい話と百も承知だが、まずは試験的に長男・翔太に株式を渡し社長の座に据え、その任に堪えうるかしばらく様子を見てみたいと思っている。そしてもし無理と判断すれば、今度は次男・雄太に株式を移動させ、社長の座を交代させるような策を講じることができないものかと考えあぐねている。

## 相続関係図を用意する

左の図は、正蔵を被相続人と推定した場合の相続関係図です。

【加賀さんの相続関係図】

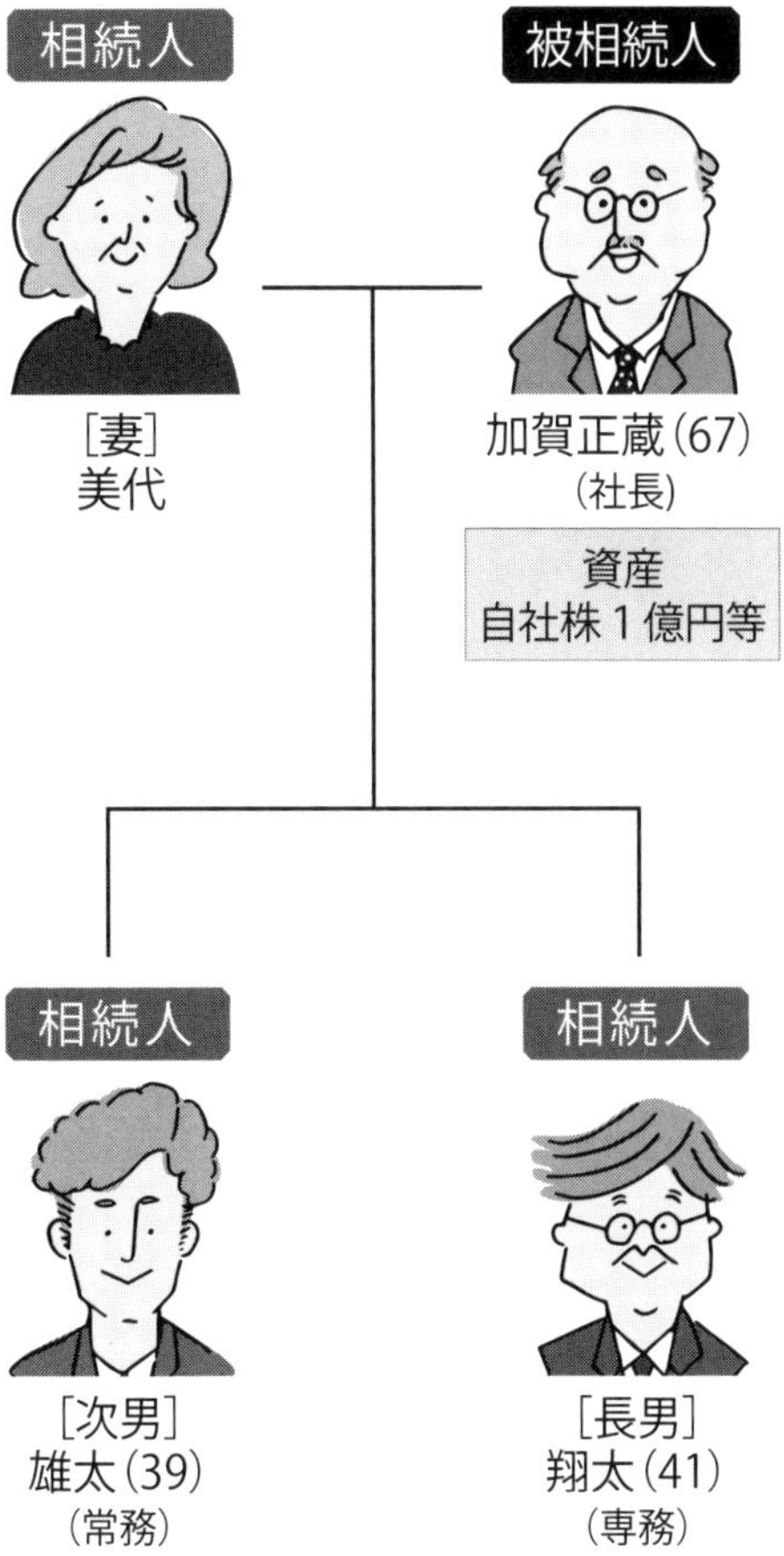
相続人
被相続人
［妻］
美代
加賀正蔵(67)
(社長)
資産
自社株１億円等
相続人
相続人
［次男］
雄太(39)
(常務)
［長男］
翔太(41)
(専務)

## 信託三当事者を設定する

今回の事例では、自社株を正蔵から長男・翔太に信託することとするため、４種類の信託「信託契約」「遺言代用信託」「遺言信託」「自己信託」のうち**信託契約**を使います。

また信託設定時における三当事者は、次のようにします。

・委託者…正蔵
・受託者…長男・翔太
・受益者…正蔵

そのうえで正蔵所有の自社株1億円を信託財産と設定し、正蔵が信託財産から受託者である長男・翔太を通して株式配当等の給付を受けるようにします。

その後正蔵が死亡し相続が発生した時点において、長男・翔太が信託財産である自社株1億円の帰属権利者となるように信託契約を設定しておきます。

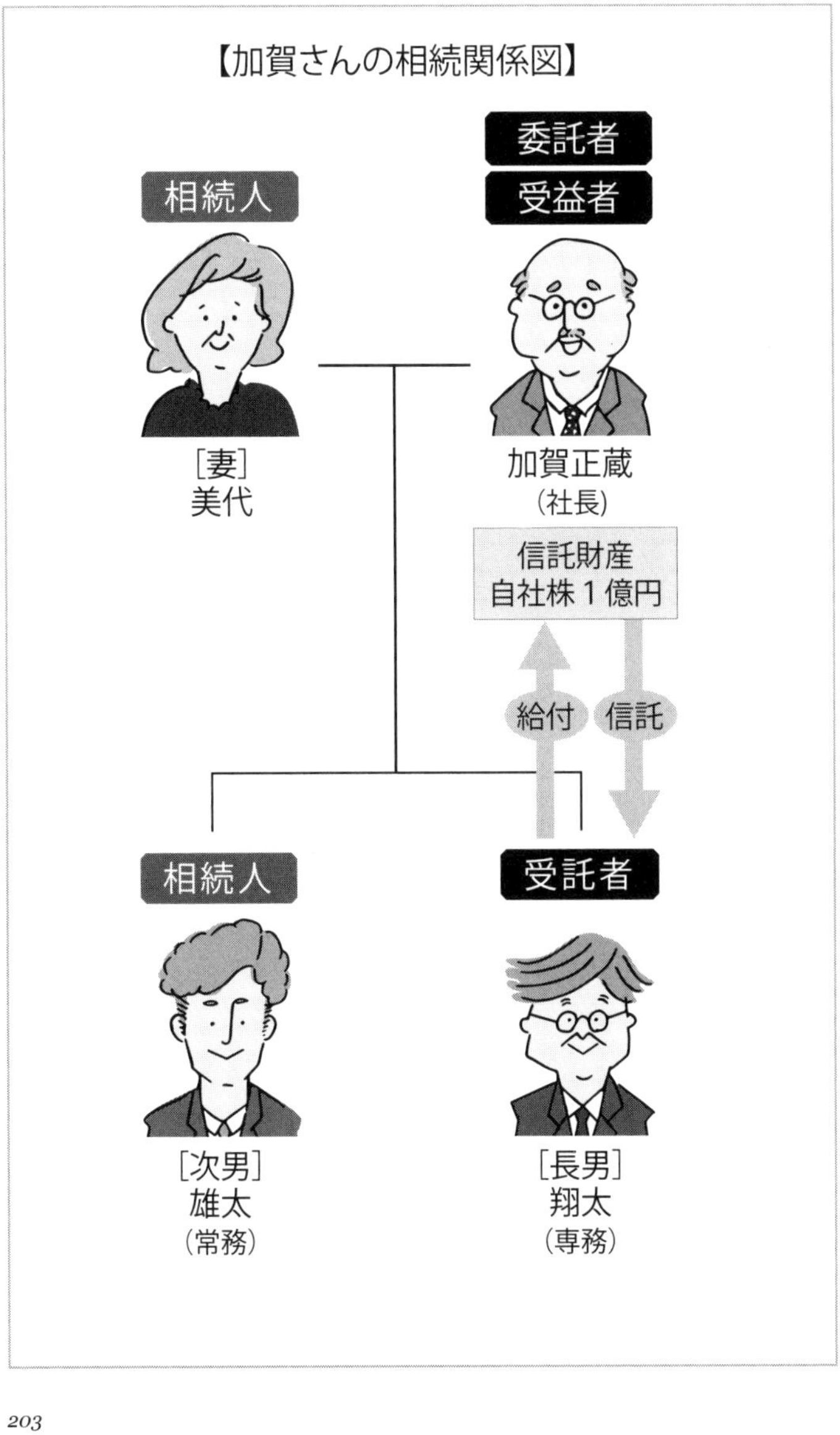
【加賀さんの相続関係図】
委託者
受益者
相続人
[妻]
美代
加賀正蔵
（社長）
信託財産
自社株１億円
給付
信託
相続人
受託者
[次男]
雄太
（常務）
[長男]
翔太
（専務）

## 信託スキームをつくる

この事例における信託スキームは次のとおりです。

1・委託者の設定 ………正蔵とする
2・受託者の設定 ………長男・翔太とする（翔太の了解を得る）
3・受益者の設定 ………正蔵とする
4・信託財産の設定 ……自社株1億円とする
5・役員変更 ……………正蔵は社長を辞し会長となり、長男・翔太を代表取締役社長とする
6・信託財産の名義変更　信託財産である自社株1億円につき必要に応じて株主総会で名義変更の承認を得、株主名簿に名義変更の記載をし、信託財産である旨の注記もしておく
7・信託財産の管理 ……株式に係る議決権は受託者である長男・翔太が行使し、株主配当は受益者である正蔵に給付する

8・信託期間　…………㋑長男・翔太は社長職に不適格と正蔵が判断した時まで
㋺正蔵死亡時まで
9・信託財産の帰属　……㋑の場合、信託終了により自社株は正蔵に戻す
㋺の場合、自社株は長男・翔太に帰属する

信託スキームをこのように構築することにより、信託財産である自社株100%は代表取締役社長となった長男・翔太の名義となります。その結果株主総会での議決権も長男・翔太が行使でき、実質的に経営権を100%掌握できるようになるのです。

それでもなお正蔵に、長男・翔太が議決権を100%行使することに多少の不安が残るのであれば、議決権の行使を指図できる「**指図権**」を委託者である正蔵に残しておけばいいでしょう。そうすれば会社経営上の意思決定権は、正蔵が依然として保持することができるからです。

その後もし長男・翔太が社長職に不適格と正蔵が判断すれば、一旦この信託を終了して、常務取締役である次男・雄太を社長とする新たな信託契約を結べば良いでしょう。

## 遺言書を書く

今回の事例では、信託の対象となる自社株1億円のほかに、正蔵の財産として預金2億円があります。

信託契約は遺言に優先されるので、今回の事例で遺言書を作成する場合、原則として遺言書の記載対象となる財産は預金2億円のみとなります。

この預金2億円を誰にどのように相続させるかは正蔵の任意なのですが、今回は節税面を重視して妻・美代に1億5000万円、次男・雄太に5000万円（定期預金1本）を相続させることとして、遺言書を作成することにします。

なお遺言書を作成する場合、例えば被相続人の相続発生時にたまたま財布に入っていた現金数千円や、被相続人が生前に購入した家財道具や電化製品なども、厳密に言えば相続財産となります。

かといって、このような少額の財産まですべて遺言書に記載していたらページ数が増えてしまい、きりがありません。そこで実務的にはこれら少額の財産をひっくるめて配偶者に相

遺言書

遺言者加賀正蔵は次のとおり遺言する。

1　遺言者の所有する○○銀行○○支店の定期預金5000万円（証書番号○○○○）を次男加賀雄太（昭和○○年○○月○○日生）に相続させる。

2　その他遺言者に属する一切の財産を妻加賀美代（昭和○○年○○月○○日生）に相続させる。

令和△△年△月△日

石川県金沢市××町×丁目×番×号

遺言者　加賀正蔵（昭和○○年○月○日生）㊞

続させる文言を遺言書に記載することとなります。

それが前ページの遺言書例にある「２　その他遺言者に属する一切の財産を妻加賀美代に相続させる」との文言です。

## 課税関係を確認する

この事例の信託では、信託設定時点で信託財産である自社株1億円の名義が委託者・正蔵から受託者・翔太に変更されたり、条件次第では信託契約が解消されたり、委託者・正蔵の相続発生時には自社株1億円の帰属が受託者・翔太に移ったりします。

ではそれぞれの課税関係はどうなるのでしょうか。

〔信託設定時〕

この時点においては、信託財産である自社株1億円の名義が委託者・正蔵から受託者・翔太に変更されます。

しかし、委託者と受益者をともに正蔵と設定しているので、実質的に株主配当等の利益を享受する人は正蔵であることに変動はありません。

すなわち税務上は、正蔵から長男・翔太に対する名義の移動はなかったものとみなされます。よって翔太に対する贈与税の課税は発生しないこととなります。

〔信託解消時〕

長男・翔太が社長として不適格であると正蔵が判断した場合は、信託財産である自社株が再び正蔵に戻ることになります。

この場合、信託設定時に課税が生じなかったのと同様の理由で、信託解消時においても、正蔵に対する贈与税の課税は発生しないこととなります。

〔相続発生時〕

この時点においては、自社株1億円が長男・翔太に帰属することになります。つまり税務上においては自社株1億円を、正蔵から長男・翔太が、相続の一種である遺贈により取得することになるので、翔太に**相続税**がかかることになります。

左の【相続税額の計算】では、前ページの「相続発生時」において、相続税の総額がいくらになるのかをシミュレーションしています。

なお、自社株の移動に関してはさまざまな節税策があるのですが、ここではそれらの策を講じず、ストレートに遺贈するものとして計算を行っています。

仮に前ページの〔相続発生時〕のとおり、自社株１億円が長男・翔太に帰属することになれば、長男・翔太にとってはもう代表取締役の座を奪われる心配はなくなります。

知之進にとっても、自分が生きてるうちは、長男・翔太は大過なく代表取締役の務めを果たしたということになり、安心して成仏できるでしょう。

つまり、お互いにとって希望通りの結果に落ち着いたと言えるでしょう。

**【加賀さんの相続税額の計算】**
**〔相続発生時〕の場合**

**遺産総額**　3億円…①

- 定期預金　2億円
- 自社株　1億円
- 合計　3億円

**基礎控除**　3,000万円＋600万円×3人※＝4,800万円…②

※妻・長男・次男

①3億円－②4,800万円＝2億5,200万円…③

**仮税額**　5,720万円…④

- 妻・美代　(③÷2)×40%－1,700万円＝3,340万円
- 長男・翔太(③÷4)×30%－700万円＝1,190万円
- 次男・雄太(③÷4)×30%－700万円＝1,190万円
- 合計 5,720万円

**配偶者税額軽減**　④5,720万円÷2＝2,860万円…⑤

**課税価格**　④5,720万円－⑤2,860万円＝2,860万円

↓

**相続税額　2,860万円**

# 第２節 申告をしなかったらどうなる？

## 相続税節税のポイントは贈与税の活用

かつての相続税のイメージは、億単位の財産を保有していた富裕層が死亡した際にのみ課される税金であり、一般庶民には無縁というものでした。

ところが平成27年の税制改正によって相続税の課税が強化され、極端なケースでは遺産が3000万円を超える程度であっても相続税がかかるようになってしまいました。

3000万円といえば、一般世帯でも預金と住宅とで軽く達してしまいそうなものです。

改正当時の、「課税件数割合（年間課税件数／年間死亡者数）が４％前後から一挙に８％前後まで跳ね上がった」という報道を覚えている方も多いと思います。

ただ近年は、相続税の対策に有効な節税アイテムが多数創設されましたので、それらを上手く使いこなせば相続税の重税感をかなり払拭、場合によっては相続税が非課税となるレベルまで持って行くことも夢ではなくなっています。

相続税の節税策は、個別のケースごとに無数のスキームを構築することが可能ですが、節税策成功のカギは相続税の補完税である**贈与税の活用の巧拙**にかかっています。

次に相続税の節税スキーム構築のベースとなる、主要な贈与税の節税アイテムを挙げてみました。

・暦年贈与……単年度1人あたり110万円の非課税枠
・相続時精算課税……1人あたり2500万円までの非課税枠
・住宅取得等資金の贈与……1人あたり3000万円までの非課税枠
・贈与税の配偶者控除……2000万円までの非課税枠
・教育資金の一括贈与……1人あたり1500万円までの非課税枠
・結婚子育て資金の一括贈与……1人あたり1000万円までの非課税枠
・事業承継税制……自社株評価額の一定割合までの非課税枠

## 無申告のリスク

贈与税の節税アイテムにはこのようにさまざまなものがあるのですが、これらは基本的に居住地の税務署に対する申告が必要となります。

申告することで税務署に対して、それぞれの制度を利用する意思を明らかにし、制度利用についてのお墨付きをもらうことになります。

税務署も神様ではありませんから、申告もないものに対して優遇措置を与えることは不可能、つまり**あとから税金を追徴される**結果になってしまうのです。

筆者が税理士として関与してきた相続税申告の中においても、亡くなった被相続人が過去の贈与税申告をスルーしてきたことで、申告後の税務調査により、払わなくてもよかった相続税を支払う羽目になってしまったこともたびたびあります。

例えば、税金が追徴される典型的なケースとして「**名義預金**」があります。

一般の方々にとってはなじみのない言葉かと思いますが、名義預金とは単に名義だけを相続人に移した預金のことをいいます。税理士にとっては、相続税の申告業務の最初に確認する基本項目でもあります。

具体的には、被相続人が節税になると信じ、相続人となるべき親族などに毎年、暦年贈与の非課税限度額ギリギリの110万円を、その親族名義の通帳に振り込み続ける行為です。

もし親族5人に110万円ずつ20年間贈与し続ければ、1億1000万円（110万円×5人×20年）もの遺産が相続税の対象外になります。

しかしこの行為は、通帳の名義が親族に移っているだけで、税務上は依然として被相続人本人の預金に変わりはないのです。

対策のポイントは数点あるのですが、もっとも重要なのは、非課税限度の110万円をいくらか超える額の贈与をし、その超過分のみの**贈与税を申告納付**しておくことです。そうすることで税務署側も申告の意思および贈与の事実を確認でき、申告データが税務署に蓄積されていくことになるからです。

では次で、そんな名義預金に絡んだ相続について、遺言と信託を併用したケースで見ていきましょう。

■事例〈遺言+信託―2〉

# 長年の節税対策が無駄にならないような相続をしたい

宮島勲《いさお》（83歳）は中国地方の中核都市である広島市で、自動車関連部品の製造業の会長をしている。

会社の経営は5年ほど前に現在の社長である長男・博（52歳）に譲っており、自社株もすでに博に贈与済みである。

勲自身は気が向けば月に数回会社に顔を出し、だだっ広い会長室で半日ほどお茶とコーヒーを飲んですごし、古株の社員や若い女性社員達とたわいもない雑談をするのを楽しみにしている。

広島市郊外にある自宅は、長男・博名義で建てた3階の鉄骨造りで、妻・信子（81歳）、長男・博家族との二世帯同居である。

所有資産としては自社株や住宅がすでに長男・博名義となっている関係もあり、勲本人の分は預金3億円だけである。

実際はさらに数億円の預金があったのだが、子や孫など親族10人の名義の普通預金通帳に、約20年間毎年110万円ずつ、総額約2億円を勲の口座より振り替えてきたため、表面的には預金3億円のみが所有資産となっている。

なおこれら親族の普通預金通帳と印鑑は、すべて勲が自宅の金庫に保管してある。

問題は、これら贈与してきた預金は、税務署側から見れば親族のものではなく、勲自身の預金として認定されることである。

この事実を長男・博は最近になって会社の顧問

税理士より聞き、このままでは巨額の相続税負担となるとも知らされ、83歳という勲の年齢も考慮すると一刻も早く対策を講じねばと考えだした。

顧問税理士としてはたびたび勲に贈与税申告を勧めていたが、勲はまったく取り合わなかったとのことである。また以前長男・博は勲に遺言書を書くよう遠回しに反応を見たこともあるが、そんな気など皆無のようでもあった。

勲は年々物忘れもひどくなっており、認知症にでもなれば、相続税対策として打つ手がなくなってしまうのではないかと、長男・博は焦りで脂汗がにじんでくる思いでいる。

## 相続関係図を用意する

次の図は、勲を被相続人と推定した場合の相続関係図です。

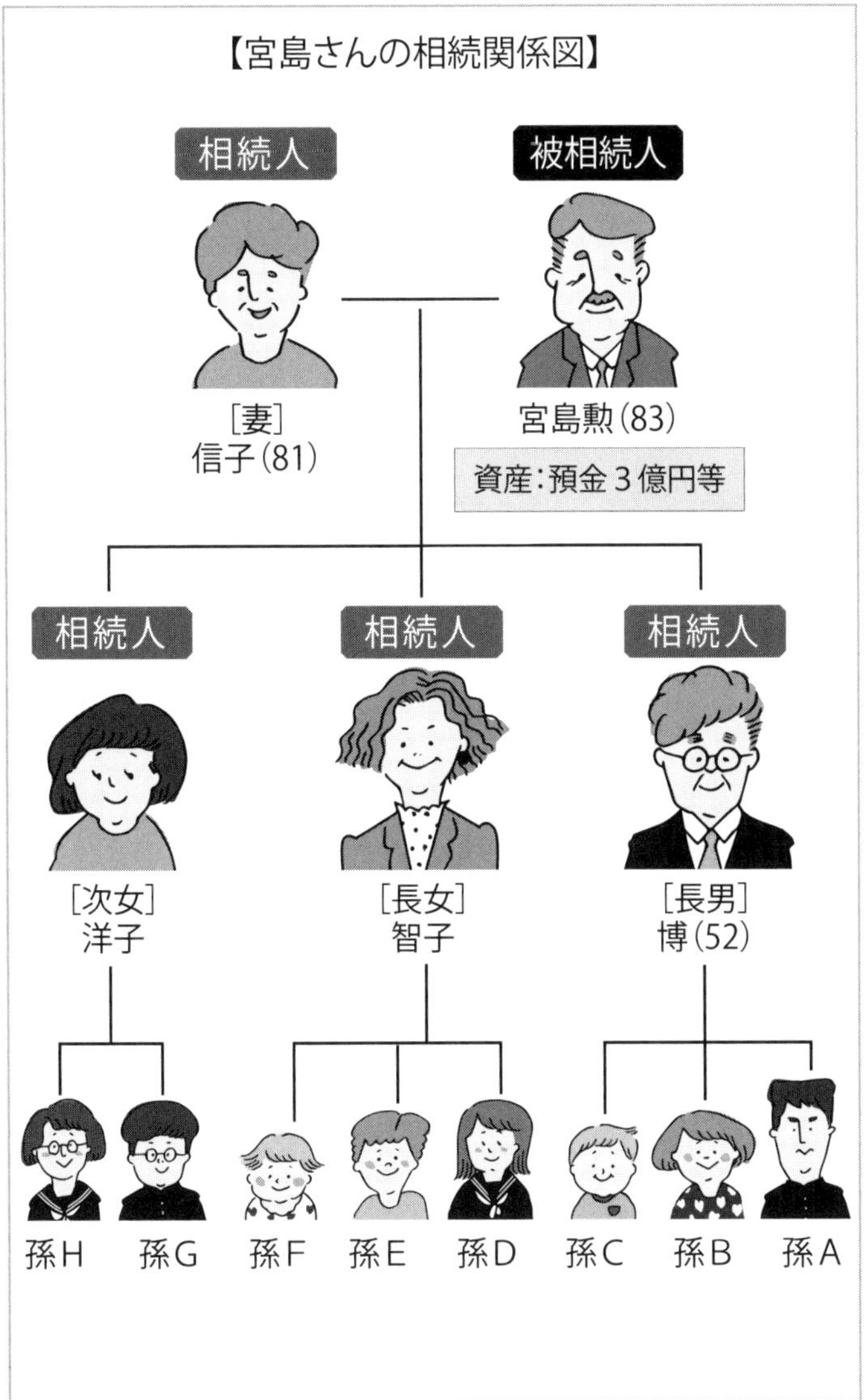
【宮島さんの相続関係図】
相続人
被相続人
［妻］
信子(81)
宮島勲(83)
資産：預金３億円等
相続人
相続人
相続人
［次女］
洋子
［長女］
智子
［長男］
博(52)
孫H
孫G
孫F
孫E
孫D
孫C
孫B
孫A

## 信託三当事者を設定する

今回の事例では、勲が長年かけてせっせと贈与してきたつもりであった親族名義の約2億円の預金の扱いが焦点となるので、4種類の信託「信託契約」「遺言代用信託」「遺言信託」「自己信託」のうち**信託契約**を使います。

また信託設定時における三当事者は、次のようにします。

・委託者…勲
・受託者…長男・博
・受益者…長女・智子、次女・洋子、孫A～H（全10名）

長男・博はすでにかなりの評価額の自社株の贈与を勲から受けているので、今回は受益者となることを辞退するものとします。そのうえで親族名義の名義預金2億円を信託財産と設定し、勲の余命も考慮した上で、節税面でもっとも効果的な方法として、受託者である長男・博を通して名義預金2億円を受益者10名に給付することとします。

【宮島さんの信託契約】

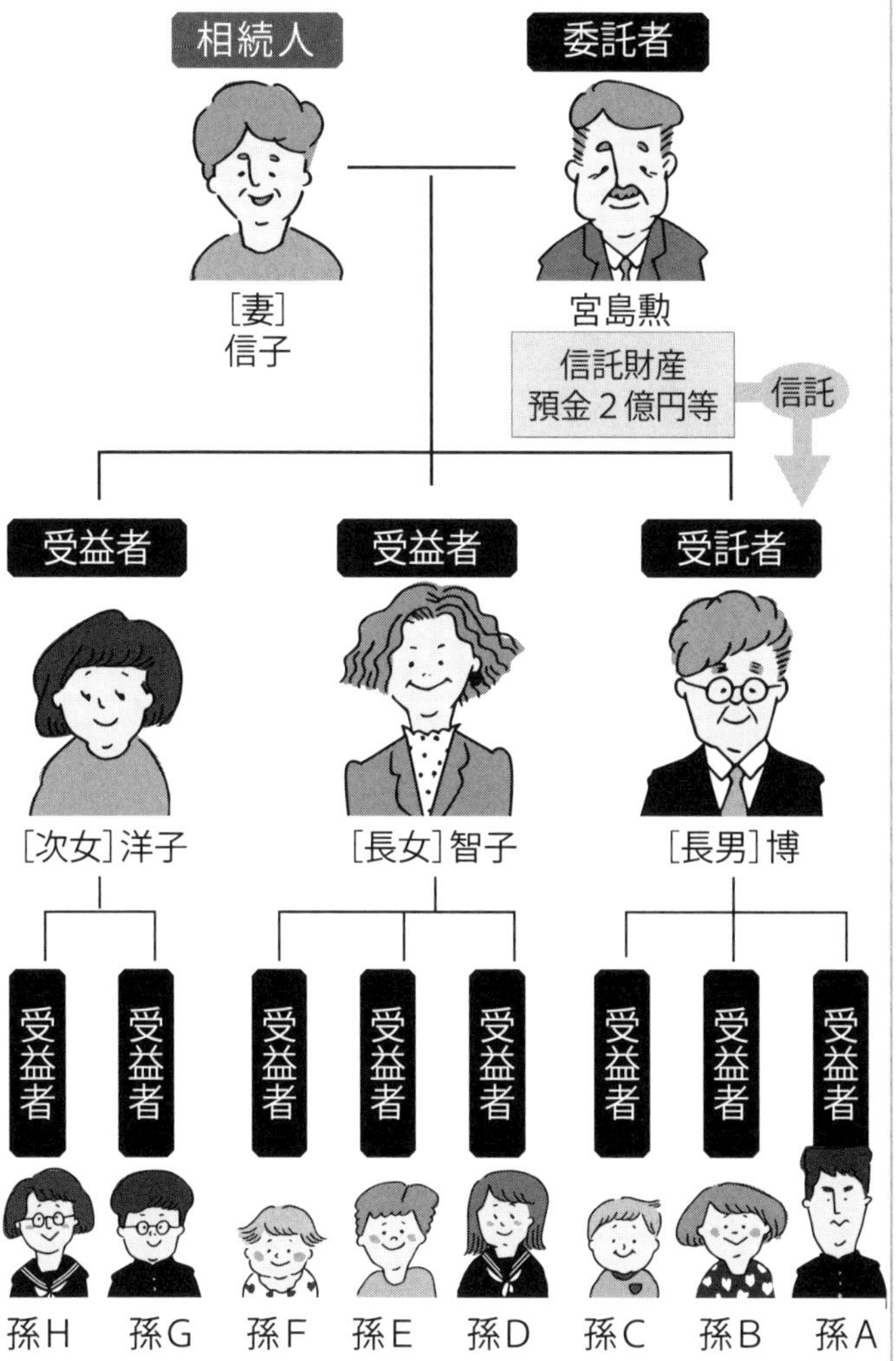
相続人
委託者
[妻]
信子
宮島勲
信託財産
預金２億円等
信託
受益者
受益者
受託者
[次女]洋子
[長女]智子
[長男]博
受益者
受益者
受益者
受益者
受益者
受益者
受益者
受益者
孫H
孫G
孫F
孫E
孫D
孫C
孫B
孫A

## 信託スキームをつくる

この事例における信託スキームは次のとおりです。

1・委託者の設定　……勲とする
2・受託者の設定　……長男・博とする
3・受益者の設定　……長女・智子、次女・洋子、孫A～Hとする
4・信託財産の設定　……いったん名義を分散した名義預金2億円とする
5・信託財産の名義変更　金融機関で信託口預金口座をつくり、信託財産である名義預金2億円すべてをこの口座に振り替える
6・信託財産の管理　……受託者である長男・博が、委託者・勲の健康状態、余命、受益者の贈与税負担を勘案した額の預金を毎年受益者10名に給付（口座振替）し、申告納付の手配もする
7・信託期間　……………勲死亡の時まで

## 8・残余財産の受益　……長女・智子、次女・洋子、孫A～Hに均等配分する

信託スキームをこのように構築することにより、勲の相続税申告後にはほぼ確実に訪れるであろう税務調査における追徴税リスクを回避することが可能になります。

受託者・博は顧問税理士などとも相談しながら、名義預金2億円の内から毎年受益者10名に、その年ごとに決定した金額を贈与します。

その結果、勲の相続が発生する数年前までに贈与し終えることができれば、この信託スキームは大成功と言えるでしょう。なぜなら名義預金2億円について、相続税の課税対象から外れることになるからです。

一般的に税務署側では相続税の調査にとりかかる事前作業として、被相続人の過去の所得税や贈与税の確定申告書などから、あらかじめ被相続人の遺産総額を推計します。

今回の勲のケースでは、推計上5億円はあるはずの遺産総額が、相続税の申告書上では本人名義の預金3億円しかないことを疑義事項として調査にやってきます。

なんの対策も講じなければ、税務調査後の修正申告で、名義預金であった2億円の預金を申告漏れとして追徴税を支払うのは当然のこと、加算税（最大40％）や延滞税（最大14・6％）など本来不要であった多額の罰科金まで支払う羽目になってしまいます。

## 遺言書を書く

この事例では、勲の遺産は、もともと勲名義であった預金3億円と、親族10人に分散した名義預金2億円との合計で、5億円が遺産総額となります。このうち名義預金2億円は信託に付されることになります。

信託契約は遺言に優先されますので、今回の事例で遺言書を作成する場合、遺言書の記載対象となる財産は、勲名義の預金3億円についてのみで十分でしょう。

遺産全体を明らかにするために、名義預金2億円を信託に付している事実なども事細かに遺言書に記載しても構いませんが、ここではシンプルイズベストの精神で、名義預金2億円の遺言書への記載は省略することとします。

遺言書

遺言者宮島勲は次のとおり遺言する。

遺言者の有する財産を次のとおりの割合で相続させる。

長男　宮島博（生年月日昭和○○年○○月○○日）　3分の1

長女　宮島智子（生年月日昭和○○年○○月○○日）　3分の1

次女　宮島洋子（生年月日昭和○○年○○月○○日）　3分の1

令和△△年△月△日

広島県広島市××町×丁目×番×号

遺言者　宮島勲（昭和○○年○月○日生）㊞

他方、もともと勲名義であった預金3億円を誰にどのように相続させるかは、もちろん勲の任意です。ただ妻・信子も長らく会社の常務取締役として高額の役員報酬を受給し、現在保有している預金も2億円程度はあるので、二次相続の税負担を考慮して、今回は遺産の相続対象者から外すこととします。

その上で長男・博、長女・智子、次女・洋子に預金3億円を3等分して、1億円ずつ相続させるかたちで遺言書を作成することにします。

そのため、遺言書の形式例としては前ページのようになります。

## 課税関係を確認する

この事例の信託では、信託期間中、委託者・勲から受託者・博を通して、受益者10名に毎年預金が給付されます。

ただし、名義預金2億円がすべて給付される前に委託者・勲が死亡することも考えられます。無事名義預金の全額を給付し終えた後に勲が死亡した場合は、勲本来の預金3億円が長男・博、長女・智子、次女・洋子に均等配分されることになります。

ではそれぞれの課税関係はどうなるのでしょうか。

〔信託設定時〕

この時点においては、信託財産である名義預金2億円が、新たな名義者である受託者・博の信託口口座に振り替えられます。

この振替処理の実質は、受益者10名に表面的に分散されていた預金がいったん勲に戻された上で、受託者・博名義の信託口口座に振り替えられたのと同じことなので、この信託設定時においてはいかなる課税関係も生じません。

すなわち税務上は勲から子や孫など、親族のうち誰に対する名義の変動もなかったものとみなされるのです。

〔信託期間中〕

信託の期間中は、毎年委託者・勲から受益者10名に対する給付、すなわち預金の振替がなされることになります。

つまり受益者10名は、委託者・勲から各々の口座に振り替えられた預金の贈与を受けたことになるので、非課税限度額以下の贈与でない限り**贈与税**の納税義務が発生します。

〔相続発生時〕

ここでは次の2つのケースが考えられます。

①信託期間中に委託者勲が死亡したケース

この場合、遺言書に従って長男・博、長女・智子、次女・洋子が取得した遺産については相続税が課されます。また、残余財産を取得した親族10人については、遺贈により残余財産を取得したとしてやはり**相続税**が課されます。

②信託財産全額を給付した後に委託者勲が死亡した場合

この場合は遺言書に従って長男・博、長女・智子、次女・洋子が取得した遺産についてのみ**相続税**が課されて課税関係が終了します。

次の230ページでは②に基づき、「信託財産の全額を受益者10名に給付し終えた場合の贈与税額の総額」、231ページでは「その後委託者・勲の相続が発生した場合の相続税の総額」を、それぞれいくらになるのかシミュレーションしています。

これらのシミュレーションによれば、贈与税額900万円と相続税額5080万円の合計額5980万円の税を負担することで、勲が所有していた5億円の資産全額を子や孫などの親族に無事移転できたことになります。

資産5億円に対する実質的な負担税率は11・96％（5980万円÷5億円）となり、なんの対策も打たなかった場合と比較してほぼ半減します。

つまり今回の遺言＋信託のスキームは、節税面においても絶大な効果があったことを示しています。

**【宮島さんの贈与税額の計算】**

| | |
|---|---|
| 贈与額（単年１人あたり） | ２億円÷10年÷10人＝200万円…① |
| | ※10年で給付し終えると仮定<br>※便宜上毎年均等額を贈与と仮定<br>※暦年贈与を利用すると仮定 |
| 基礎控除（単年１人あたり） | 110万円 …② |
| | ①200万円－② 110万円＝ 90万円…③ |
| 贈与税額（単年１人あたり） | ③90万円×贈与税率10％＝９万円…④ |
| 単年贈与税総額 | ④９万円×10人＝90万円…⑤ |
| 全期間贈与税総額 | ⑤90万円×10年＝900万円 |

↓

**贈与税額　900万円**

## 【宮島さんの相続税額の計算】

遺産総額　預金３億円…①

基礎控除　3,000万円＋600万円×４人※=5,400万円…②

※妻・長男・長女・次女

①－②＝２億4,600万円…③

仮税額　5,080万円…④

妻　(③÷2)×40%－1,700万円=3,220万円
長男・博　(③÷6)×20%－200万円=620万円
長女・智子(③÷6)×20%－200万円=620万円
次女・洋子(③÷6)×20%－200万円=620万円
合計　5,080万円

配偶者税額軽減　利用せず…⑤

課税価格　④5,080万円－⑤０円＝5,080万円

↓

**相続税額　5,080万円**

## 【遺言と信託を併用するときのプロセス】

[ステップ1]

1・戸籍謄本や住民票等を取得する
←2・法定相続人を確認する
←3・相続関係図を書く

[ステップ2]

←4・信託の目的を確認する
←5・信託三当事者「委託者・受託者・受益者」を決定する
←6・信託財産を決定する
←7・受託者報酬を決定する
←8・信託契約書を作成する

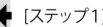

[ステップ3]

9・相続財産を確認する（信託財産以外）

←

10・相続財産の取得者を決める（信託財産以外）

←

11・遺言書を書く

[ステップ4]

12・「ステップ2」と「ステップ3」とで矛盾点のないことを確認する

←

13・信託財産の名義を変更する

←

14・受託者が信託財産の管理を開始する

←

15・相続開始時には遺言書のとおりに遺産を分割する

# あとがき

最後までお読みいただきありがとうございます。

読後感はいかがでしたでしょうか。

遺言と信託という、普段の生活の中では関わることのない事柄がテーマであっただけに、難解に感じられる部分もおありだったかと思います。

ただ何事にも言えるように、行き当たりばったりでは物事は上手くいきません。本書のテーマでもある遺言と信託で相続を自由にデザインするには、一定の準備期間が必要です。

筆者が相続申告の依頼を受ける場合は、生前に何ら対策を打つことなしに相続が発生してしまったために、税額はふくらむわ親族関係はぎくしゃくするわと、相続人のストレスが頂点に達した状態にあることも珍しくありません。

個々の相続の内容にもよりますが、一般的には相続開始の数年前から準備が必要でしょう。遺産総額が増したり案件内容が複雑化したりするにつれ、10年から20年程度の準備期間が必要になるケースも出てきます。

日常の安定した生活を送っている限りは、なかなか相続対策の切実性を感じる機会はないかもしれません。仮に感じる機会があったとしても、具体的な対処策も分からず、面倒くささも手伝ったりして、相続対策を先延ばししている方も多いことでしょう。

ただ先延ばししようがしまいが、いわゆる「Xデー」、つまり相続開始日は刻一刻と迫ってきます。

突如訪れるその日のために、今はとりあえず、遺言と信託が相続において有効に活用できる強力なアイテムだということを、頭の片隅に入れておいてください。それだけでも、相続対策のステップを2段ほど上がったと言えます。

従来の硬直的な相続のスタイルから進化して、遺言と信託とを選択、あるいは組み合わせて相乗効果を得ることで、いわばフリーハンドで相続をデザインすることが可能になります。

そうすれば、これまで人々を悩ませてきた相続など恐るるに足らずと言える、見晴らしの良いステージへ到達することになります。

そのステージへ到達するためにも、本書で紹介させていただいた遺言と信託が、あなたに関わる相続の一助となりましたならば誠に幸いです。

## 【参考文献】


国税庁ホームページ　https://www.nta.go.jp/

総務省ホームページ　https://www.soumu.go.jp/

日本年金機構ホームページ　https://www.nenkin.go.jp/n/www/index.html

「信託法ｅ－Ｇｏｖ法令検索」　https://elaws.e-gov.go.jp/search/elawsSearch/

「Journal of Financial Planning」日本ＦＰ協会

「令和版遺言の書き方と相続・贈与」比留田薫著、主婦の友社・２０１９年

「家族信託コンパクトブック　弁護士のための法務と税務」伊藤大祐・伊庭潔・戸田智彦・菅野真美編著、第一法規・２０１８年

「36種類の活用事例を公開　家族信託活用マニュアル」河合保弘著、日本法令・２０１８年

「問題解決のための民事信託活用法」石垣雄一郎著、新日本法規・２０１９年

「相続・事業承継・認知症対策のためのいちばんわかりやすい家族信託のはなし」川嵜一夫・蟹江乾道著、日本法令・２０１７年

「士業・専門家のためのゼロからはじめる「家族信託」活用術」斎藤竜著、税務研究会出版局・２０２０年

「相続人不存在・不在者財産管理の落とし穴」尾島史賢他著、新日本法規・２０２０年

## 【これだけは押さえておきたい用語 さくいん】

用語の説明があるページ数を明記しています。
用語の意味が分からなくなったときに参考にしてください。

【著者紹介】梅本正樹（うめもと・まさき）

税理士・社会保険労務士・中小企業診断士・ファイナンシャルプランナー（日本ＦＰ協会ＡＦＰ）。他の保有資格等としては、宅地建物取引士（有資格者)。

1960年生まれ。石川県金沢市出身。大阪府立大学経済学部経営学科卒。

トータルで約30年間、税理士・社会保険労務士・中小企業診断士・ファイナンシャルプランナーの業務に従事。相続に関してはこれらの業務を通じて相続税申告や贈与税申告、相続プランニングなどに従事。

著書に『超実践！　サラリーマン節税術』『起業・法人化を考えた時に読む本』（彩図社)、『知らないと損をする配偶者控除』（秀和システム）『シニアのなっとく家計学』（水曜社)。

**理想の相続は**
**遺言と信託の２つで実現できる**

2021年9月22日第一刷

著　者　梅本正樹

発行人　山田有司

イラスト　カップでスカート

発行所　〒170-0005
株式会社　彩図社
東京都豊島区南大塚3-24-4
MTビル

印刷所　シナノ印刷株式会社
URL　https://www.saiz.co.jp　https://twitter.com/saiz_sha

 ISBN978-4-8013-0551-9 C0036